くもんの小学ドリル
がんばり1年生 学しゅうきろくひょう

名まえ

1 2 3 4 5 6 7 8

JN051730

9 10 11 12 13 14 15 16

17 18 19 20 21 22 23 24

25 26 27 28 29 30 31 32

33 34 35 36 37

あなたは
「くもんの小学ドリル　こくご　1年生かん字のかきかた」を、
さいごまで　やりとげました。
すばらしいです！
これからも　がんばってください。

1さつ　ぜんぶ　おわったら、
ここに　大きな　シールを
はりましょう。

1 かきかた じを かく しせい、えんぴつの もちかた

月　日
時　分～　時　分
なまえ
とくてん　100てん

● うえの えのように、よい しせいで かきましょう。（50てん）

1　き（🌳）を かきましょう。

● うえの えのように、よい えんぴつの もちかたで かきましょう。 (50てん)

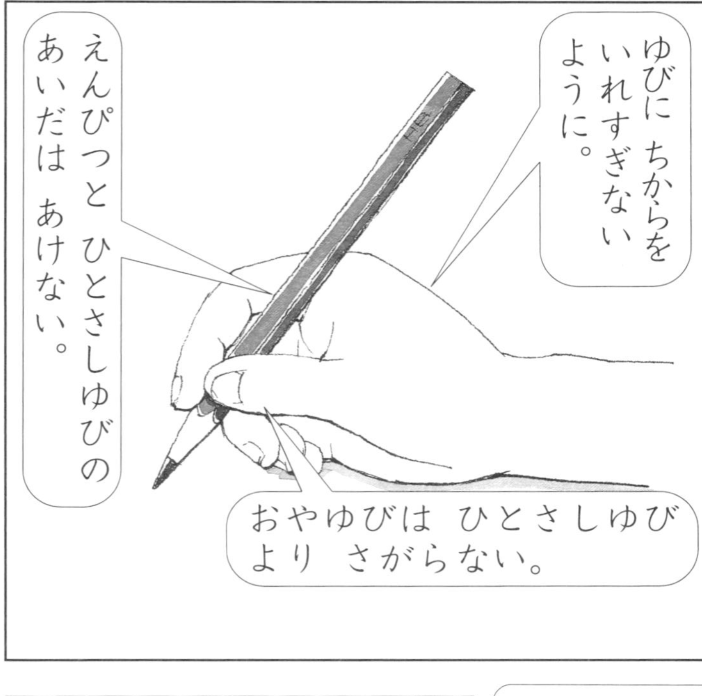

えんぴつは B(びい)か 2B(びい)を つかいましょう。

2 はなび(※)を かきましょう。

じを かく ときは、いつも しせいと えんぴつの もちかたに きを つけよう。

1　●から　★へ　せんを　かきましょう。（ぜんぶ　かいて　25てん）

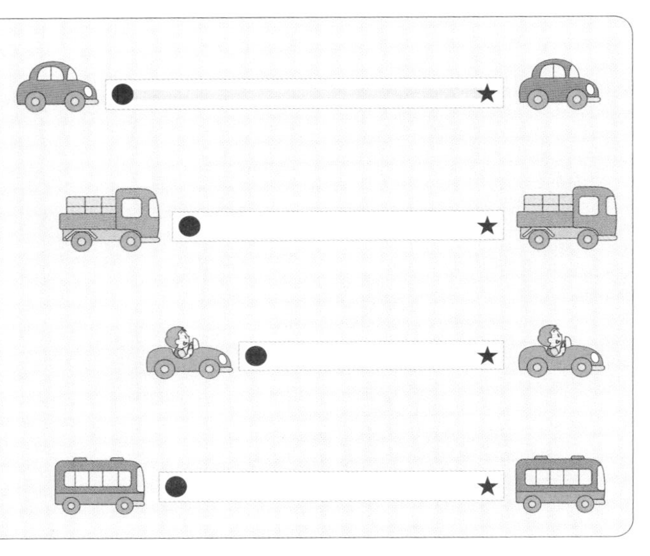

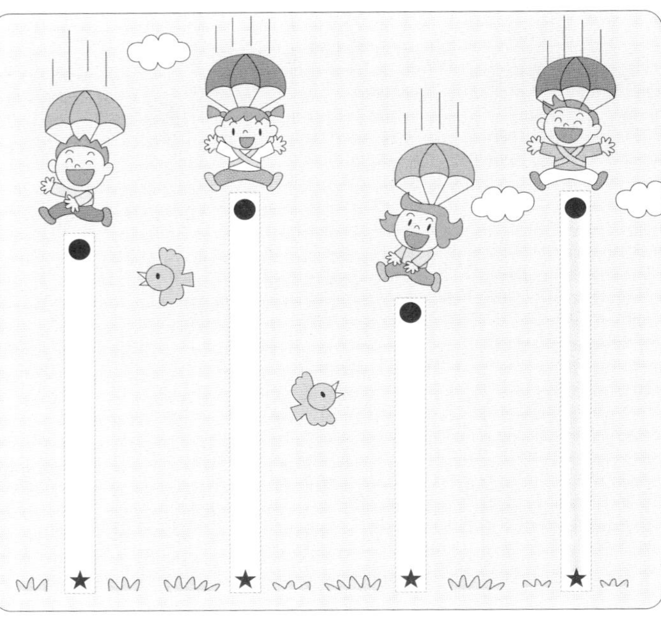

2　●から　★へ　せんを　かきましょう。（ぜんぶ　かいて　25てん）

①
②

3 ●から ★へ せんを かきましょう。

（ぜんぶ かいて 25てん）

4 ●から ★へ せんを かきましょう。

（ぜんぶ かいて 25てん）

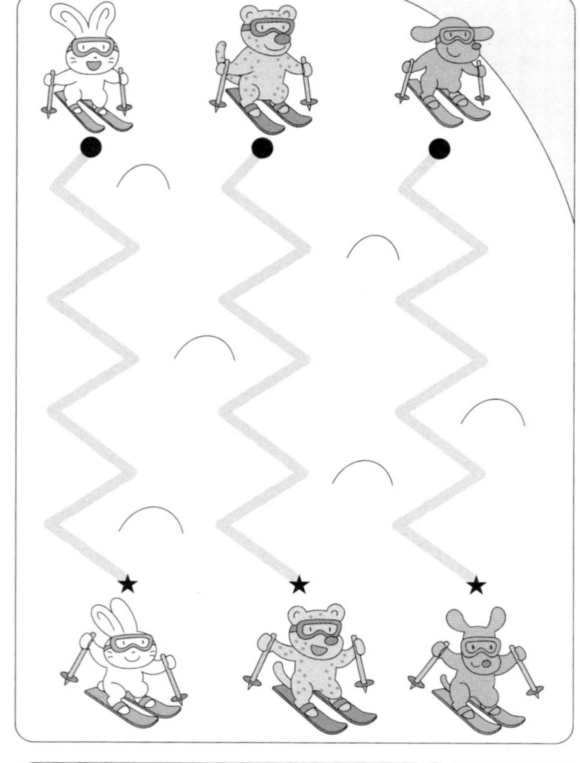

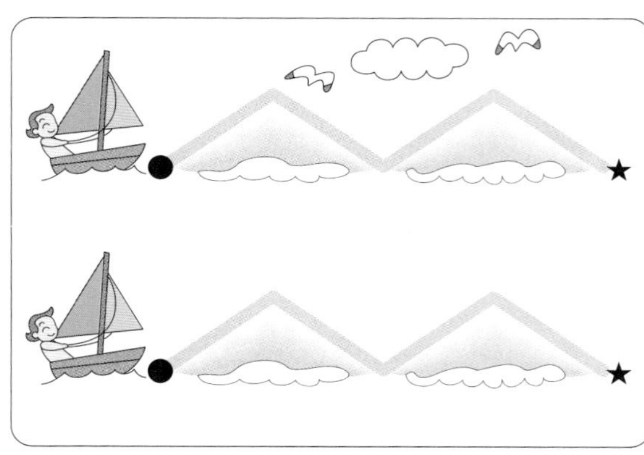

3・4の おれまがる ところでは、いちど とめてから かくと いいよ。

3 かきかた せんを かこう②

月　日

時　分～　時　分

なまえ

とくてん　100てん

1 ●から ★へ せんを かきましょう。

（ぜんぶ かいて 50てん）

①

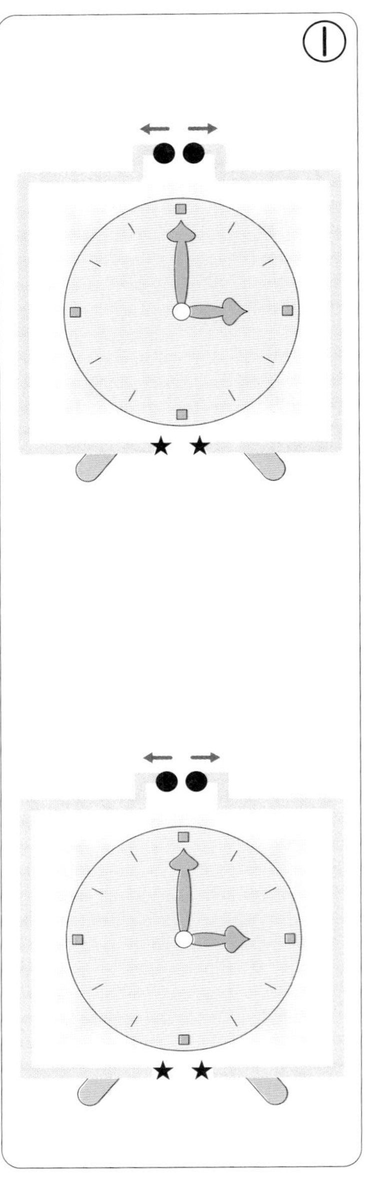

②

③

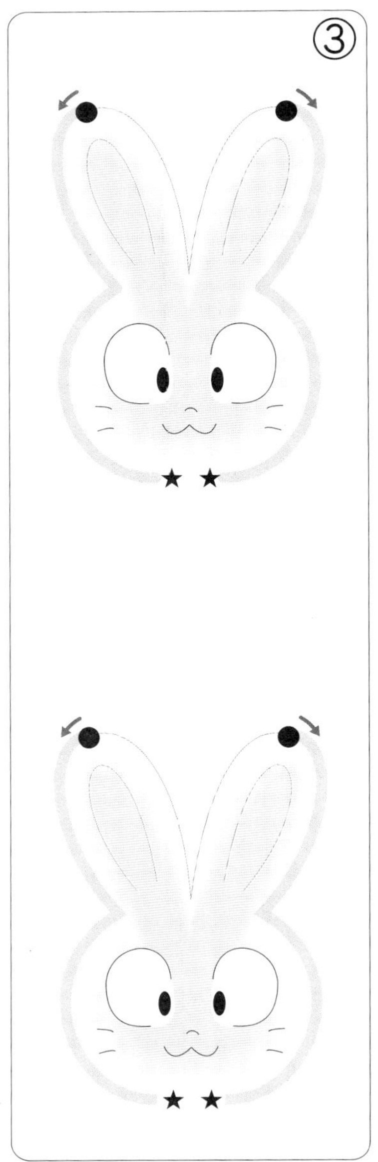

2 ●から ★へ せんを かきましょう。

（ぜんぶ かいて 50てん）

①

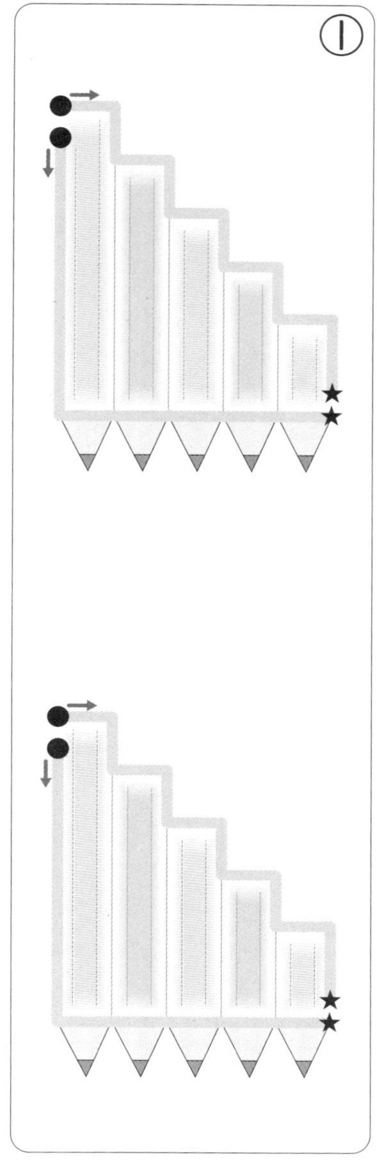

②

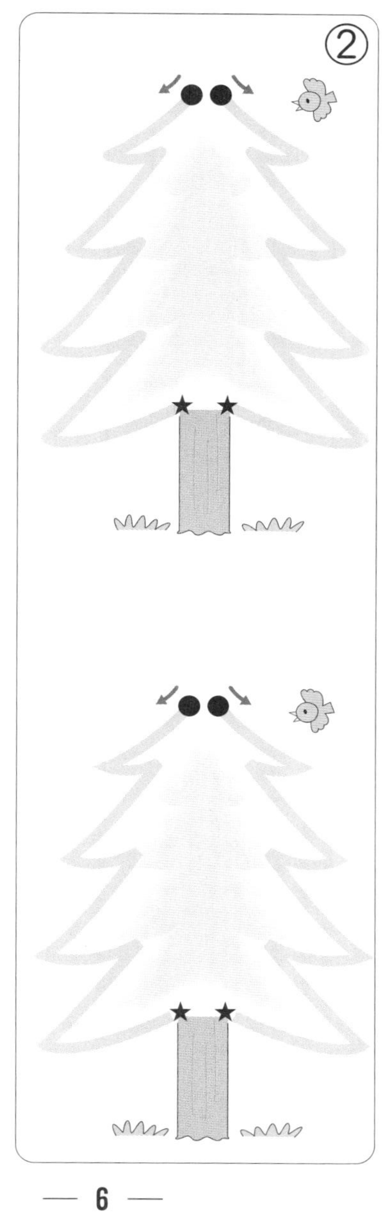

③

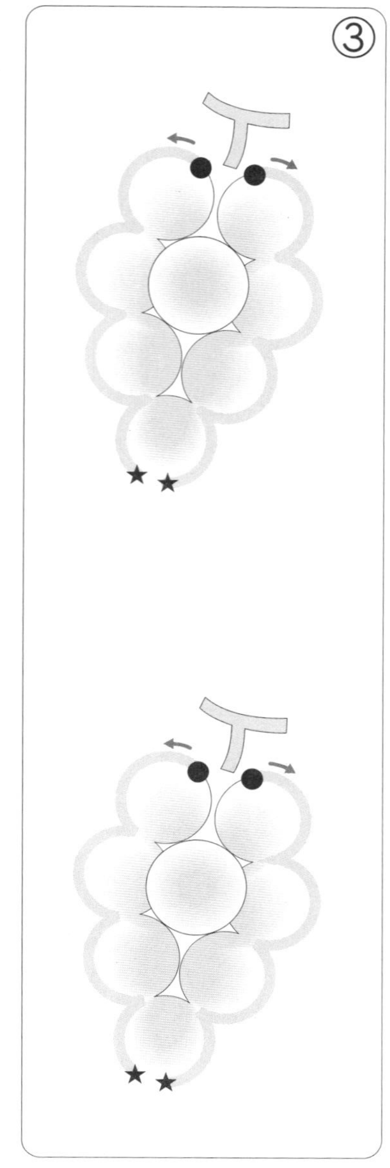

うすい せんから ずれないで かく ことが できたかな？

4 かきかた せんを かこう③

月　日　なまえ　時　分～　時　分　とくてん　100てん

1 □に せんを かきましょう。

(ぜんぶ かいて 25てん)

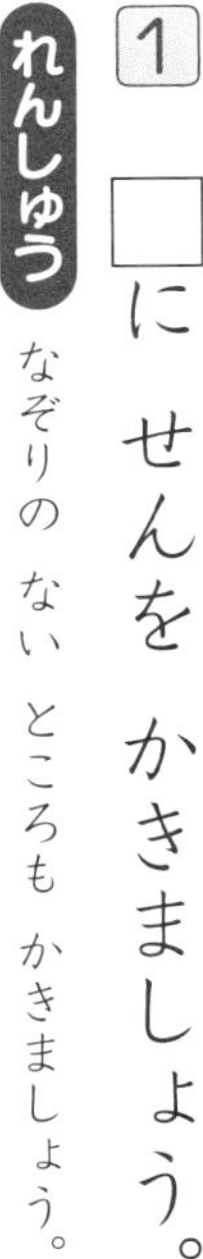

れんしゅう　なぞりの ない ところも かきましょう。

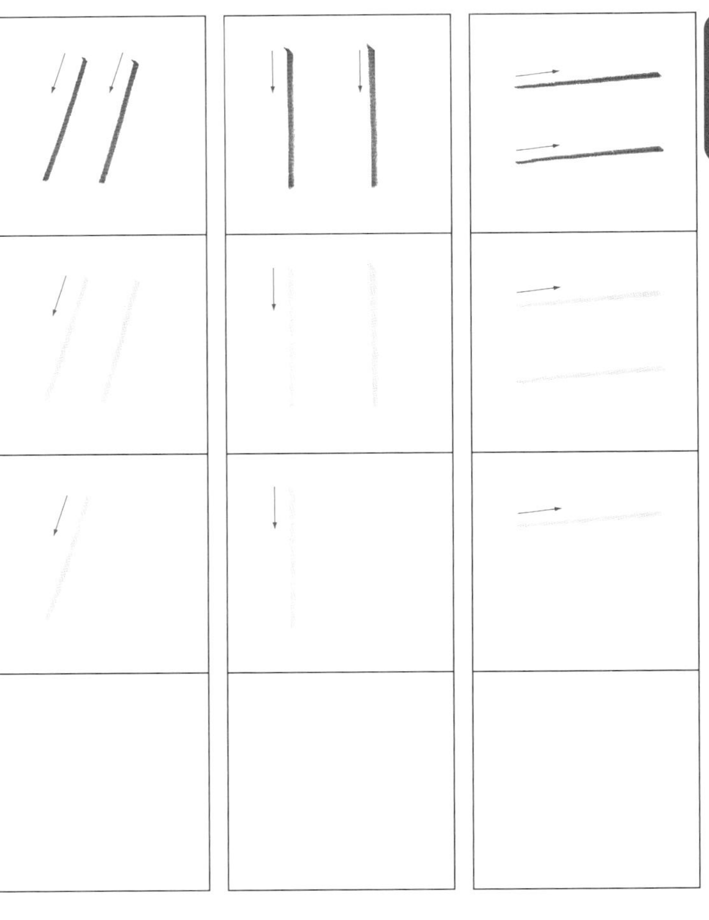

2 □に せんを かきましょう。

(ぜんぶ かいて 25てん)

れんしゅう

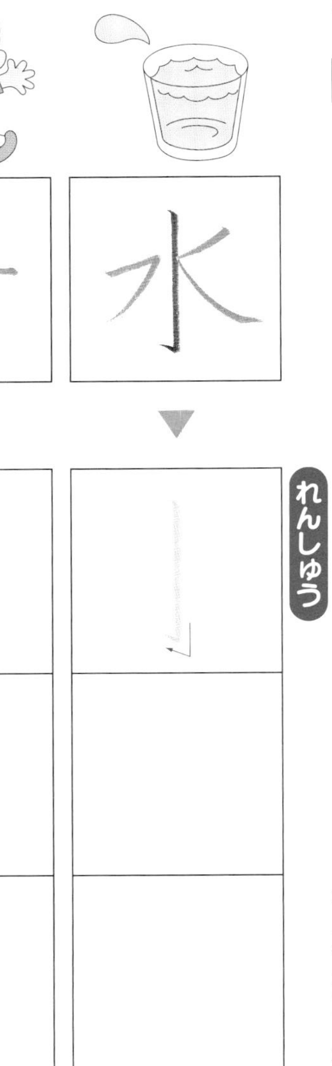

3 □に せんを かきましょう。

（ぜんぶ かいて 25てん）

れんしゅう なぞりの ない ところも かきましょう。

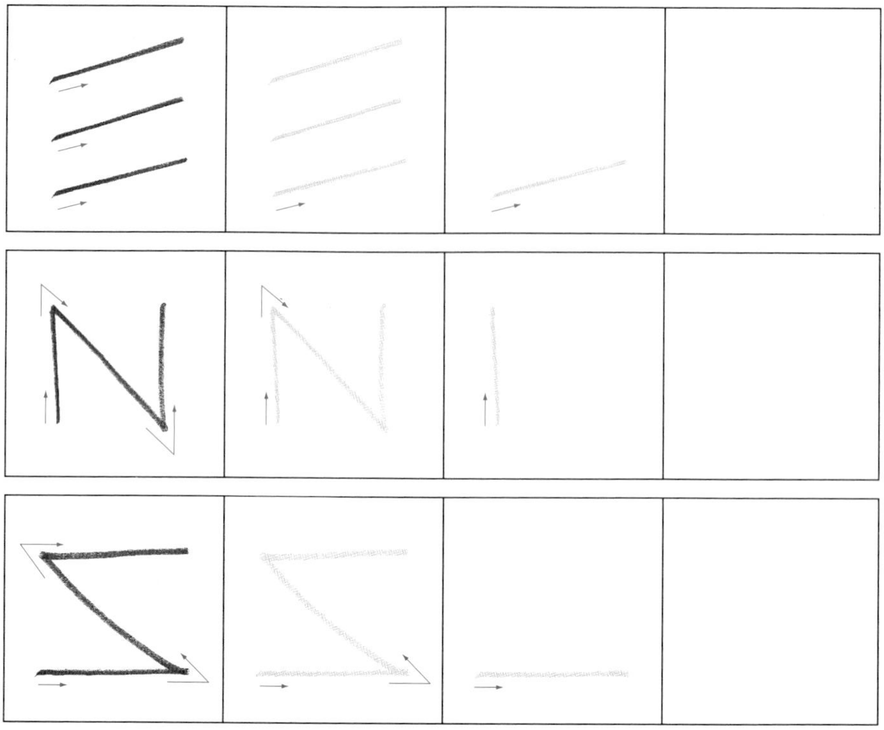

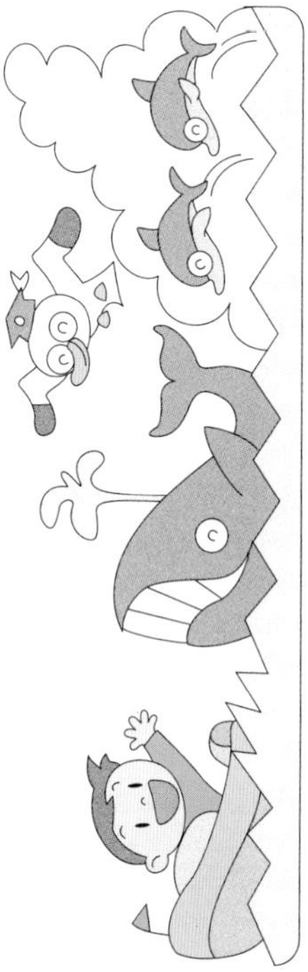

4 □に せんを かきましょう。

（ぜんぶ かいて 25てん）

れんしゅう

口 ▼

人 ▼

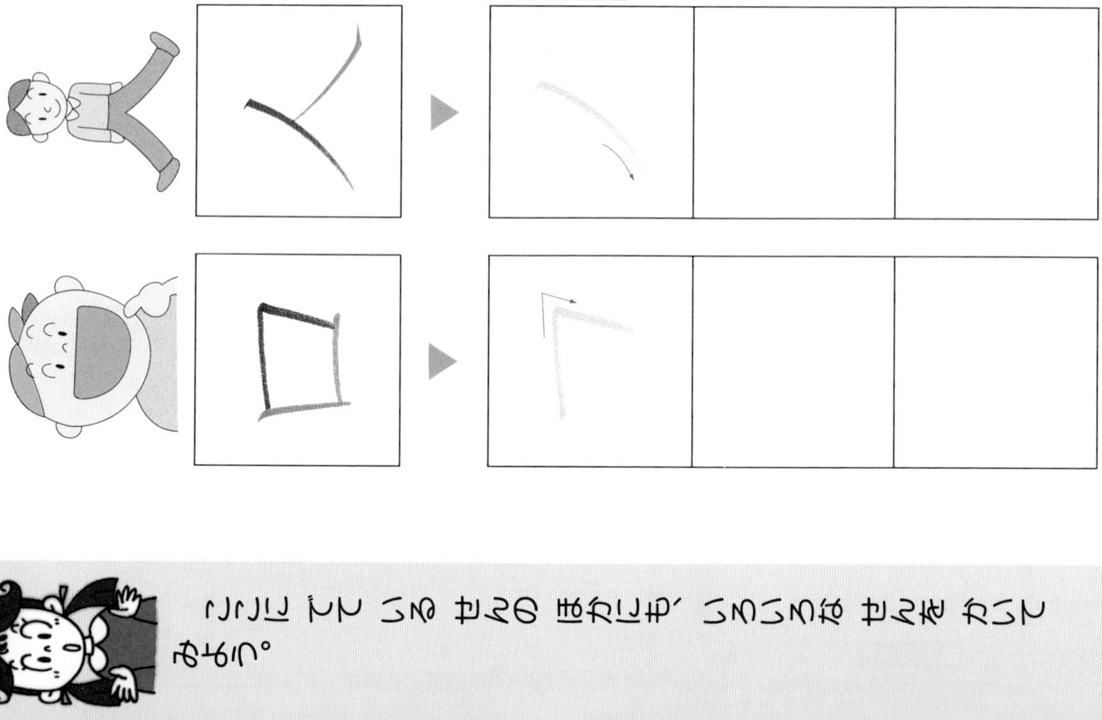

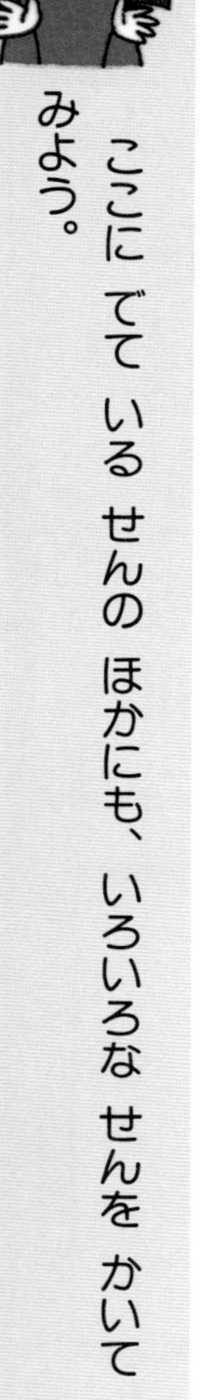
ここに でて いる せんの ほかにも、いろいろな せんを かいて みよう。

5 かきかた
かんじの かきじゅん①

月　日

なまえ

時　分～　時　分

とくてん　　100てん

1 「一」と「二」を ていねいに かきましょう。（ぜんぶ かいて 40てん）

一

よみかた
・イチ
・イツ
・ひと
・ひとつ

おぼえかた
ぼうが いっぽんで、いち。

えんぴつで なぞろう

れんしゅう うすい ところを なぞりましょう。

二

よみかた
・ニ
・ふた
・ふたつ

おぼえかた
ぼうが にほんで、に。

えんぴつで なぞろう

れんしゅう うすい ところを なぞりましょう。

2 ていねいに かきましょう。（一つ 5てん）

① □（ひと）つ。

② □（ふた）つ。

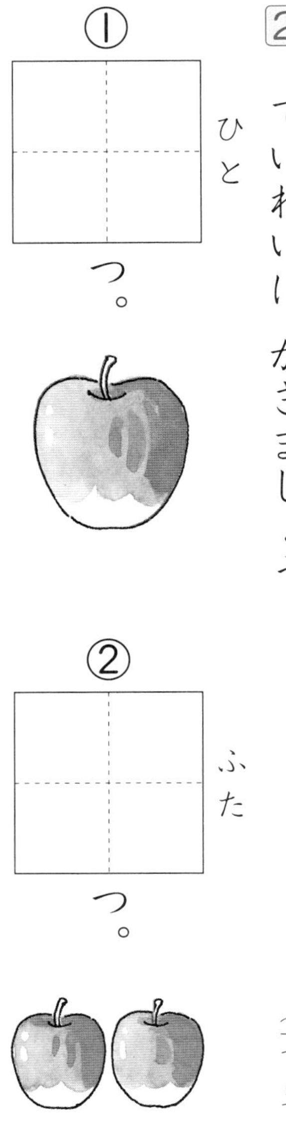

3 「三」と「四」を ていねいに かきましょう。（ぜんぶ かいて 40てん）

三

よみかた
・サン
・み
・みつ
・みっつ

おぼえかた
ぼうが さんぼんで、さん。

えんぴつで なぞろう

れんしゅう
うすい ところを なぞりましょう。

四

よみかた
・シ
・よ
・よつ
・よっつ
・よん

かきかた
○よい
△もう すこし

えんぴつで なぞろう

れんしゅう
うすい ところを なぞりましょう。

4 ていねいに かきましょう。（一つ 5てん）

① みっ　つ。

② よっ　つ。

「四」は なかの ぶぶんを かいてから さいごを とじるよ。

6 かきかた

かんじの かきじゅん②

月　日

なまえ

時　分～　時　分

とくてん　100てん

1 「五」と「六」を ていねいに かきましょう。（ぜんぶ かいて 40てん）

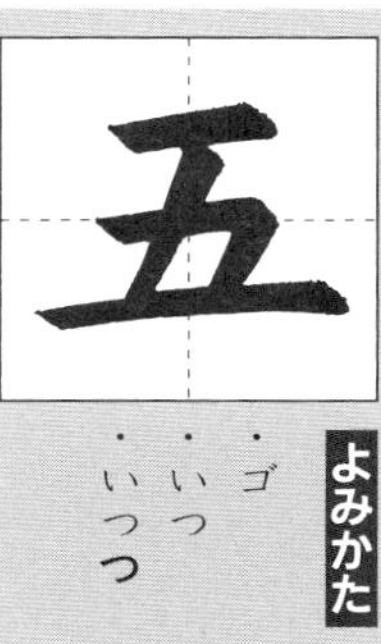

よみかた
・ゴ
・いつ
・いつつ

かきかた

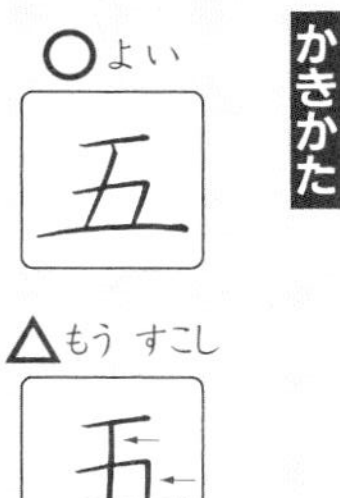

えんぴつで なぞろう

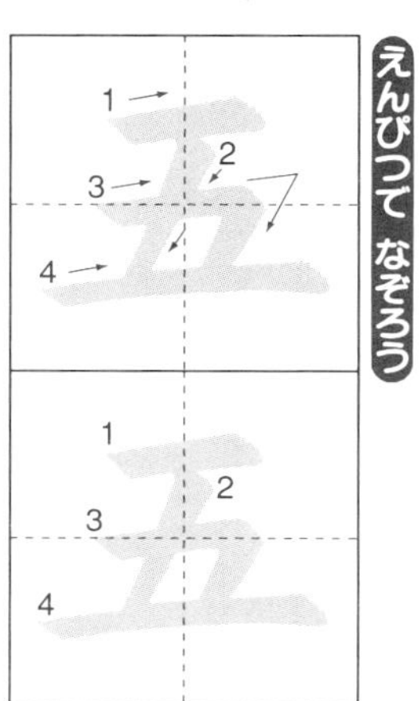

れんしゅう うすい ところを なぞりましょう。

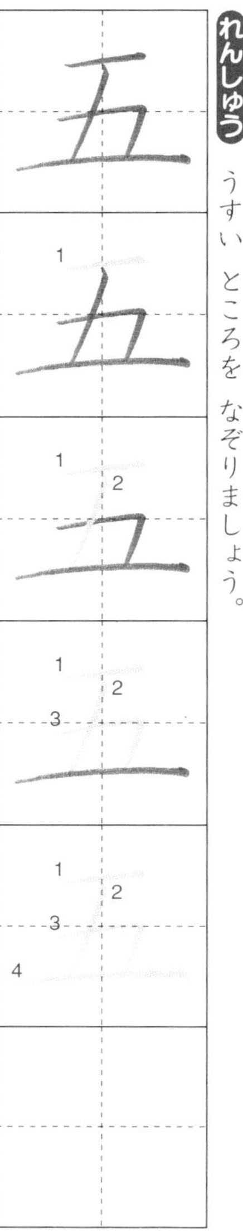

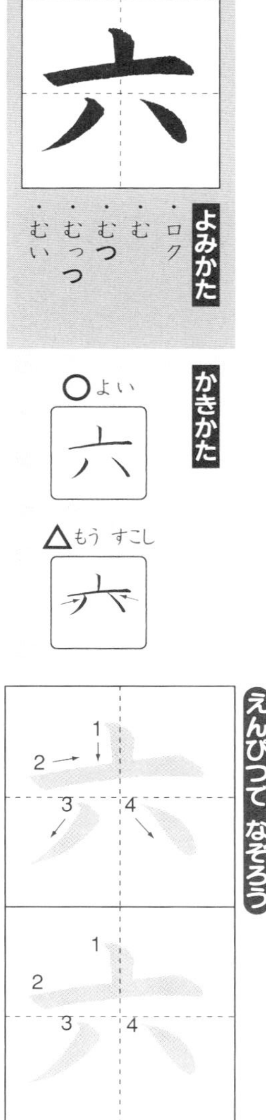

れんしゅう うすい ところを なぞりましょう。

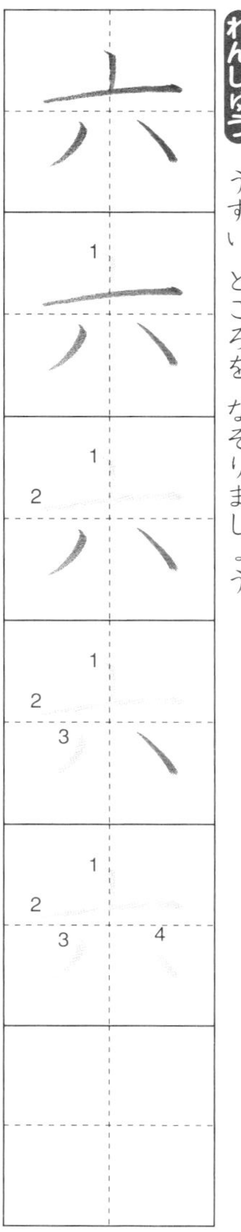

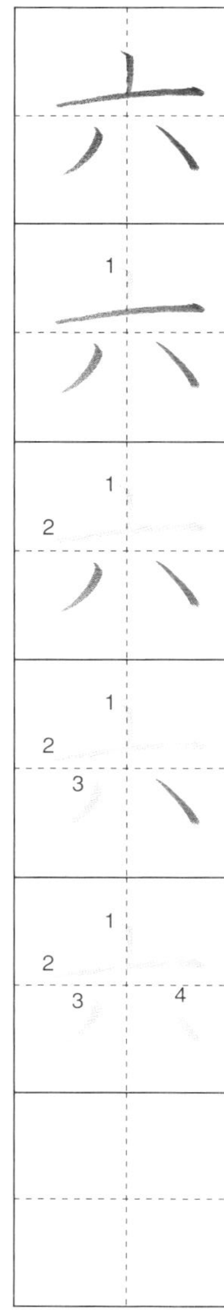

2 ていねいに かきましょう。（一つ 5てん）

①　ご　じ。

②　ろく　じ。

3 「七」と「八」を ていねいに かきましょう。（ぜんぶ かいて 40てん）

七

よみかた
・シチ
・なな
・ななつ
・なの

かきかた
○よい
△もう すこし

えんぴつで なぞろう

れんしゅう うすい ところを なぞりましょう。

八

よみかた
・ハチ
・や
・やつ
・やっつ
・よう

かきかた
○よい
△もう すこし

えんぴつで なぞろう

れんしゅう うすい ところを なぞりましょう。

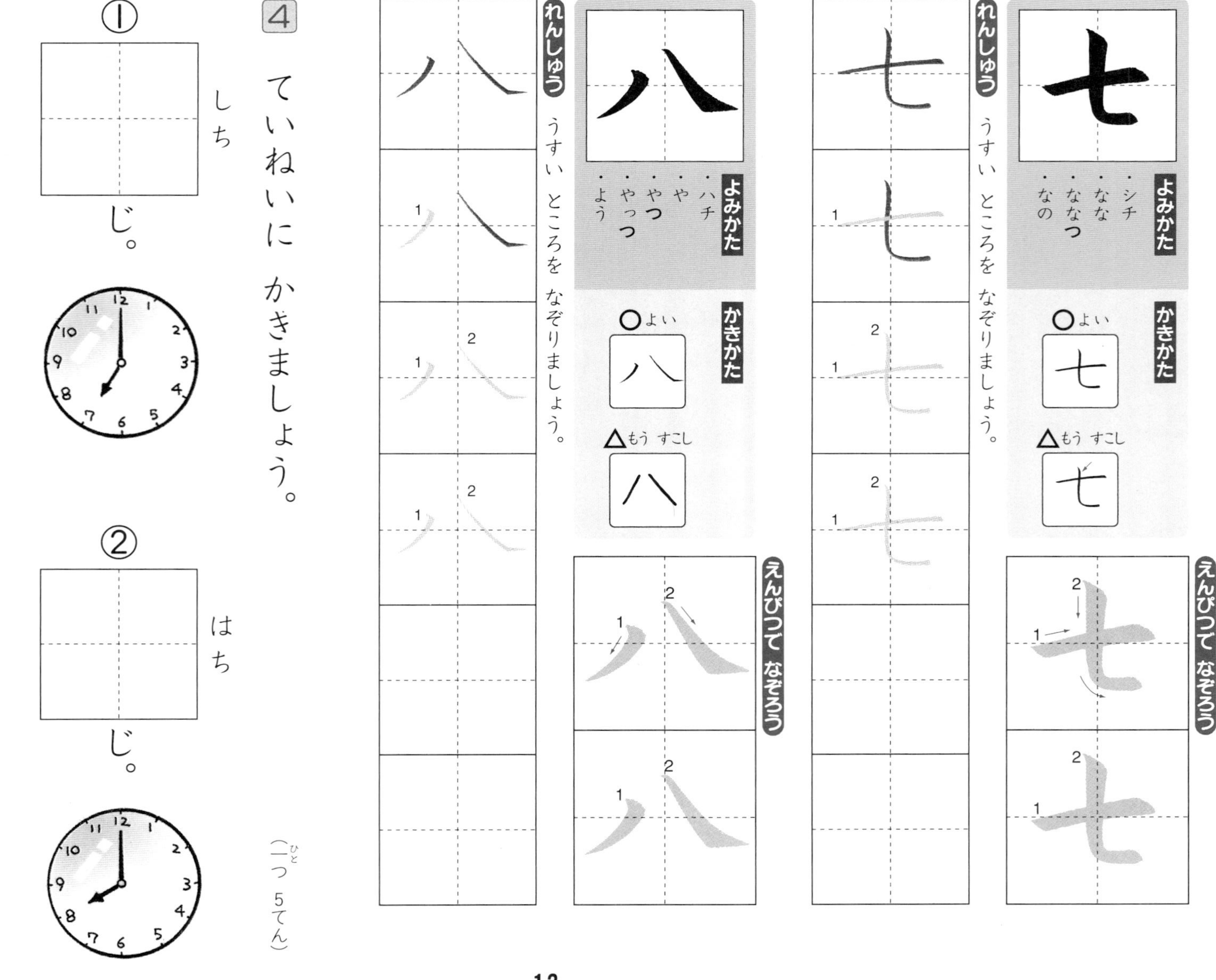

4 ていねいに かきましょう。（一つ 5てん）

① しち じ。

② はち じ。

「五」の「┐」は、一かいて かくよ。

©くもん出版

7 かきかた

かんじの かきじゅん③

月　日

なまえ

時　分〜　時　分

とくてん　100てん

1 「九」と「十」を ていねいに かきましょう。（ぜんぶ かいて 40てん）

れんしゅう　うすい ところを なぞりましょう。

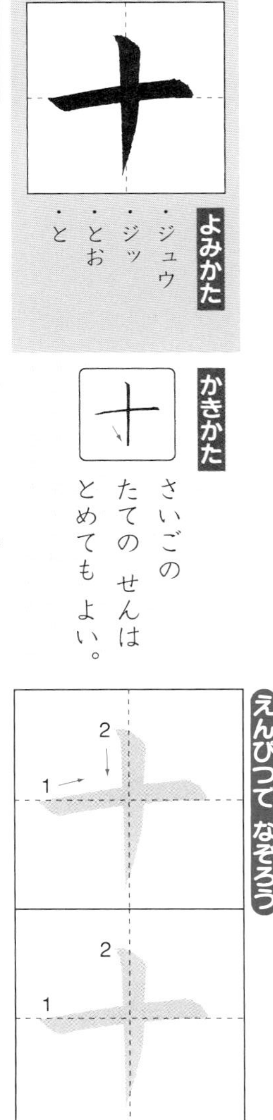

れんしゅう　うすい ところを なぞりましょう。

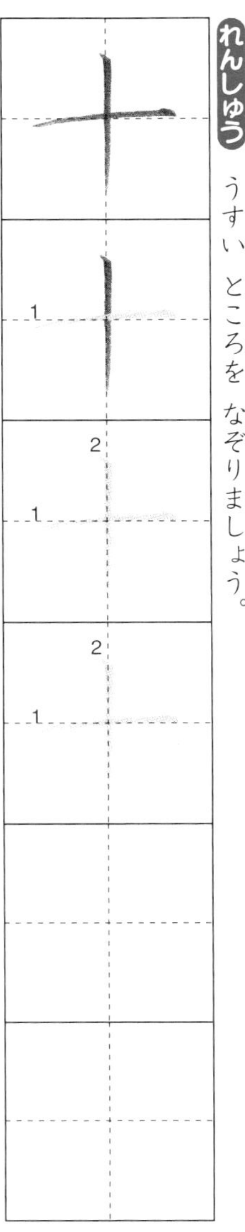

2 ていねいに かきましょう。（一つ 5てん）

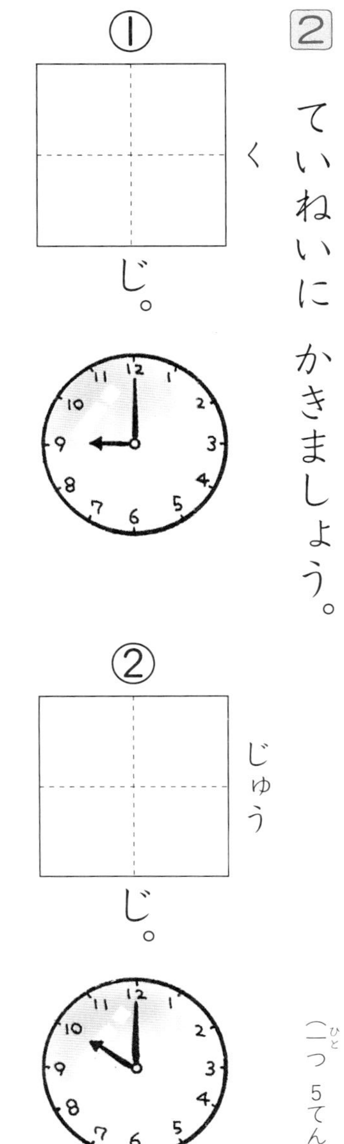

③ 「百」と「千」を ていねいに かきましょう。（ぜんぶ かいて 40てん）

百
よみかた ・ヒャク
おぼえかた 一＋白⇨百
えんぴつで なぞろう

れんしゅう うすい ところを なぞりましょう。

千
よみかた ・セン ・ち
かきかた 千 さいごの たての せんは とめても よい。
えんぴつで なぞろう

れんしゅう うすい ところを なぞりましょう。

④ ていねいに かきましょう。（一つ 5てん）

① ひゃく えん。

② せん えん。

「十」のように、よこと たてが まじわる ときは、よこが さきだよ。

8 かきかた かんじの かきじゅん④

月　日
時　分〜　時　分
なまえ
とくてん　100てん

1 「月」と「火」を ていねいに かきましょう。（ぜんぶ かいて 40てん）

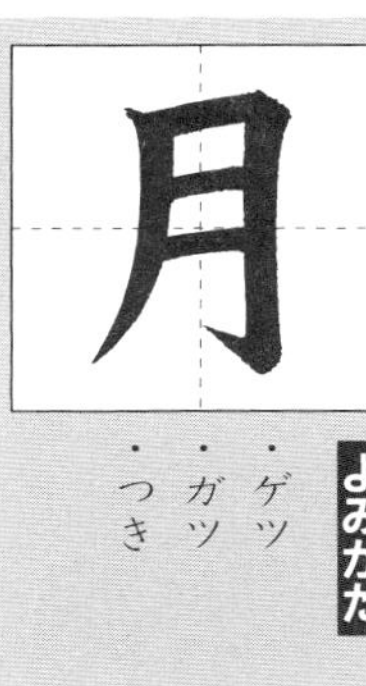

よみかた
・ゲツ
・ガツ
・つき

なりたち

・みかづきの かたち。

えんぴつで なぞろう

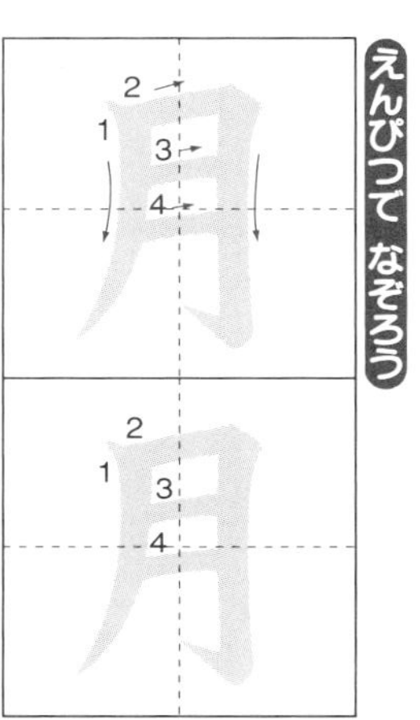

れんしゅう うすい ところを なぞりましょう。

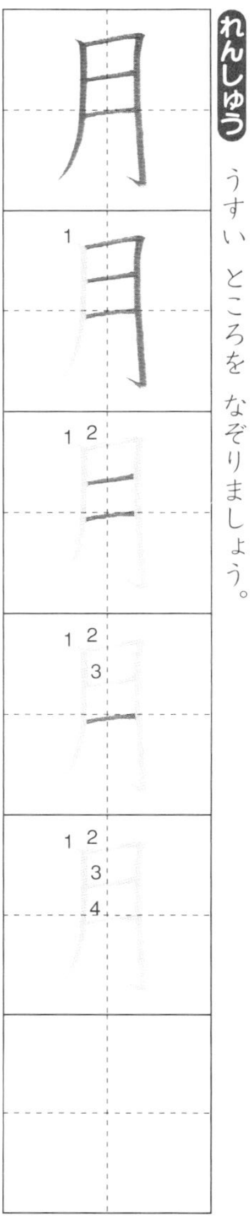

よみかた
・カ
・ひ
・ほ

なりたち
・ひが もえあがって いる ようす。

えんぴつで なぞろう

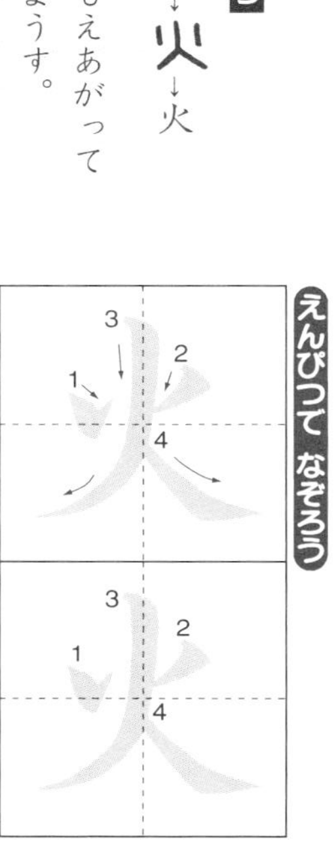

れんしゅう うすい ところを なぞりましょう。

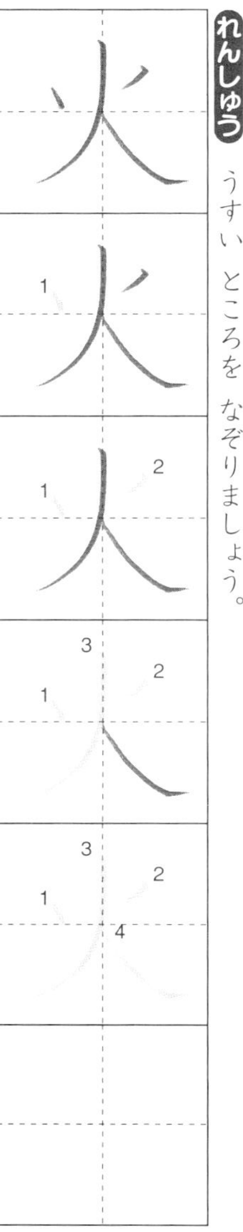

2 ていねいに かきましょう。（一つ 5てん）

① みか（づき）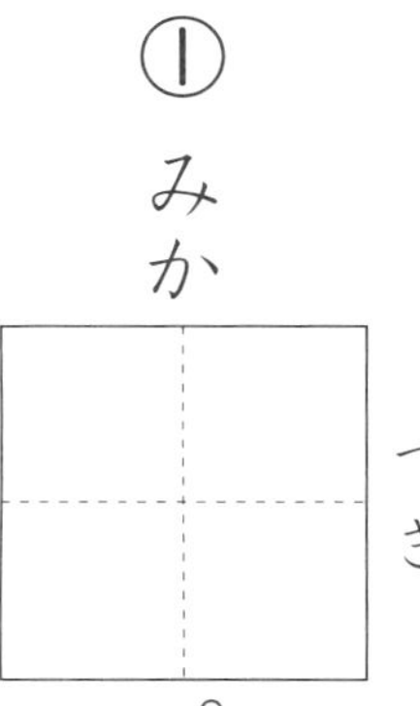。

② たき（び）。

3 「水」と 「木」を ていねいに かきましょう。（ぜんぶ かいて 40てん）

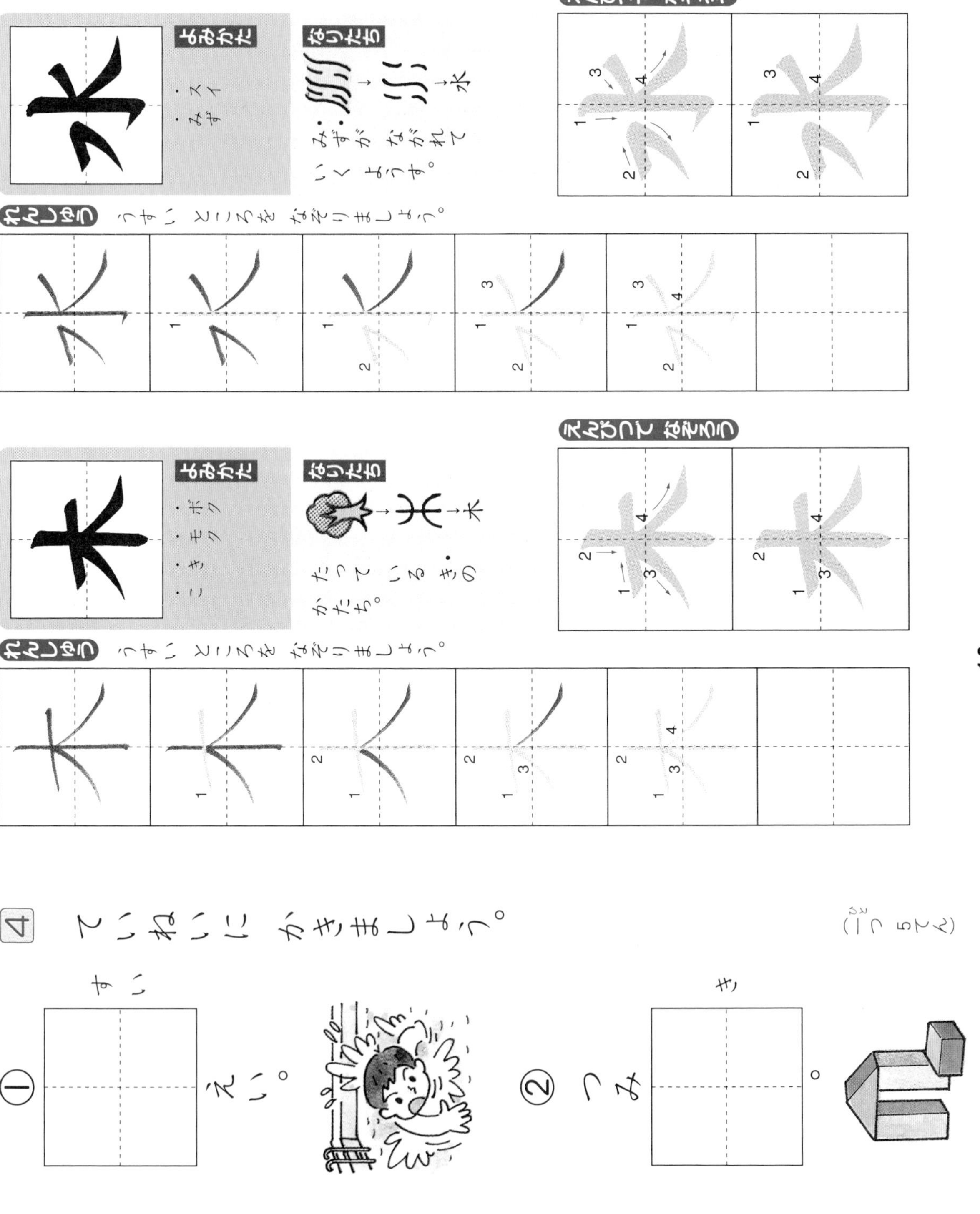

4 ていねいに かきましょう。（一つ 5てん）

① （すい）えい。

② つみ（き）。

「水」の 「亅」の ところは、はねて いるね。てほんを よく みて かいてね。

9 かきかた かんじの かきじゅん⑤

月　日　なまえ
時　分〜　時　分
とくてん　100てん

1 「金」と「土」を ていねいに かきましょう。（ぜんぶ かいて 40てん）

金

よみかた
・キン
・コン
・かね
・かな

かきかた
○よい
△もう すこし

えんぴつで なぞろう

れんしゅう うすい ところを なぞりましょう。

土

よみかた
・ド
・ト
・つち

おぼえかた
十＋一⇒土

えんぴつで なぞろう

れんしゅう うすい ところを なぞりましょう。

2 ていねいに かきましょう。（一つ 5てん）

① （きん）ぎょ。

② （つち）を ほる。

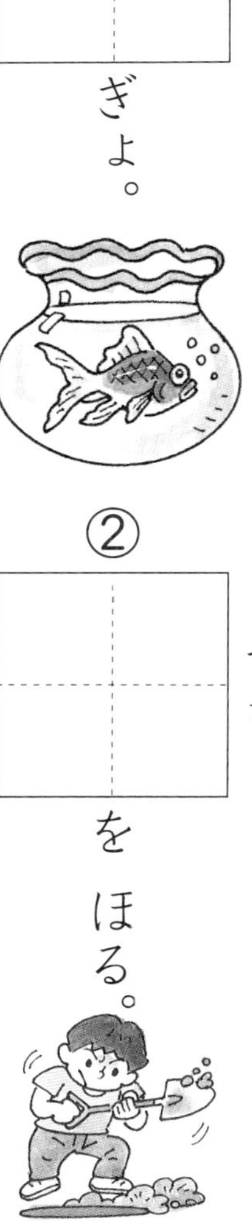

3 「日」と「年」を ていねいに かきましょう。（ぜんぶ かいて 40てん）

日

よみかた
・ニチ
・ジツ
・ひ
・か

なりたち 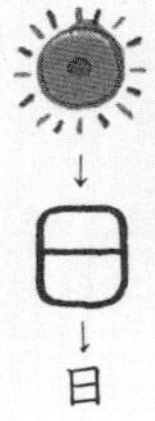
たいようの かたち。

えんぴつで なぞろう

れんしゅう うすい ところを なぞりましょう。

年

よみかた
・ネン
・とし

かきかた
さいごの たての せんは とめても よい。

えんぴつで なぞろう

れんしゅう うすい ところを なぞりましょう。

4 ていねいに かきましょう。（一つ 5てん）

① （ひ）□ので。

② お（とし）□だま。

「日」の「冂」は、一かいで かくよ。

10 かきかた かんじの かきじゅん⑥

月　日

なまえ

時(じ)　分～　時(じ)　分

とくてん　100てん

1 「上」と「下」を ていねいに かきましょう。（ぜんぶ かいて 40てん）

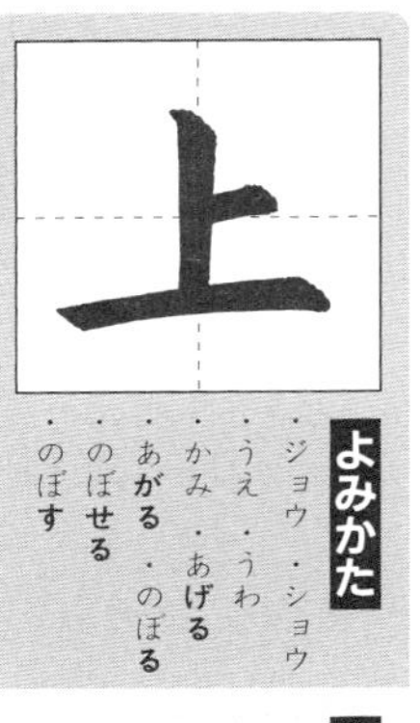

よみかた
・ジョウ・ショウ
・うえ・うわ
・かみ・あげる
・あがる・のぼる
・のぼせる
・のぼす

なりたち
せんの うえに ものが ある ことを あらわす。

えんぴつで なぞろう

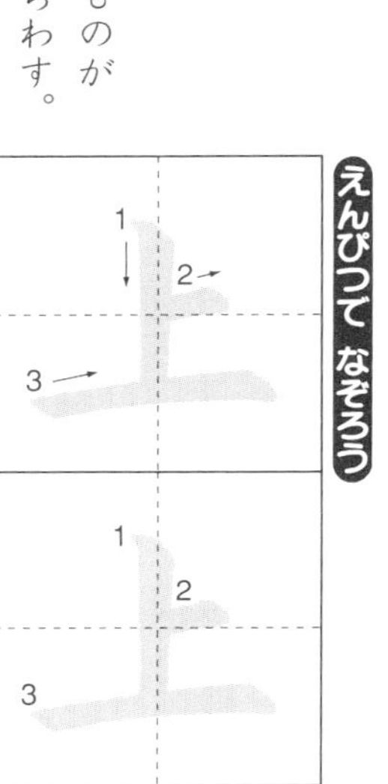

れんしゅう うすい ところを なぞりましょう。

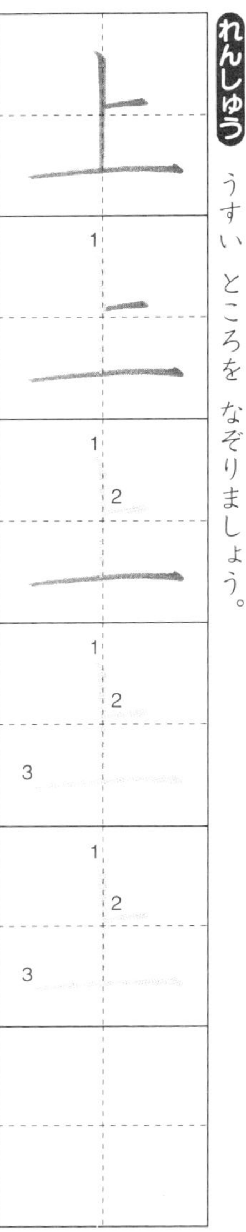

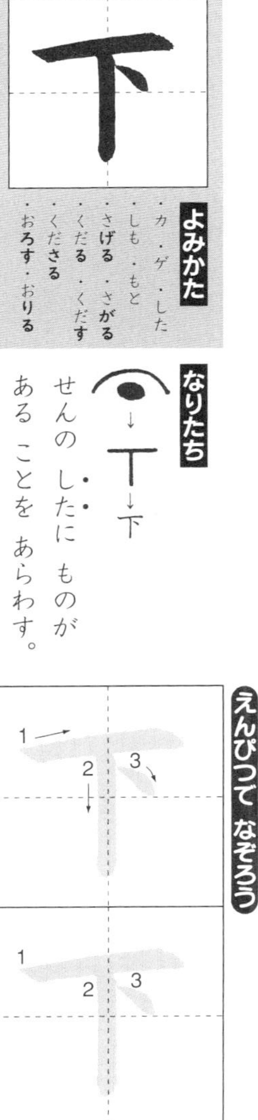

よみかた
・カ・ゲ・した
・しも・もと
・さげる・さがる
・くだる・くだす
・くださる
・おろす・おりる

なりたち
せんの したに ものが ある ことを あらわす。

えんぴつで なぞろう

れんしゅう うすい ところを なぞりましょう。

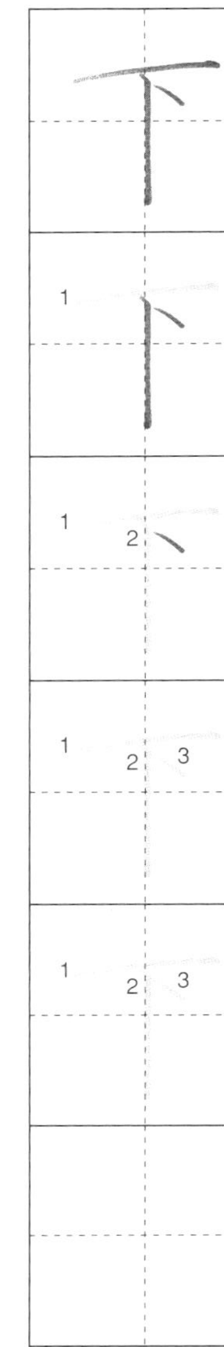

2 ていねいに かきましょう。（一(ひと)つ 5てん）

① 木(き)の うえ。

② 木(き)の した。

3 「左」と「右」を ていねいに かきましょう。（ぜんぶ かいて 40てん）

左

よみかた
・サ
・ひだり

かきかた
○よい 左
△もう すこし 左

えんぴつで なぞろう

れんしゅう うすい ところを なぞりましょう。

右

よみかた
・ウ
・ユウ
・みぎ

かきかた
○よい 右
△もう すこし 右

えんぴつで なぞろう

れんしゅう うすい ところを なぞりましょう。

4 ていねいに かきましょう。（一つ 5てん）

① ひだり て。

② みぎ て。

「左」の 「ナ」と 「右」の 「ナ」の ところは、 かきじゅんが ちがうね。

11 かきかた かんじの かきじゅん⑦

月　日

なまえ

時　分～　時　分

とくてん　　100てん

1 「王」と「玉」を ていねいに かきましょう。（ぜんぶ かいて 40てん）

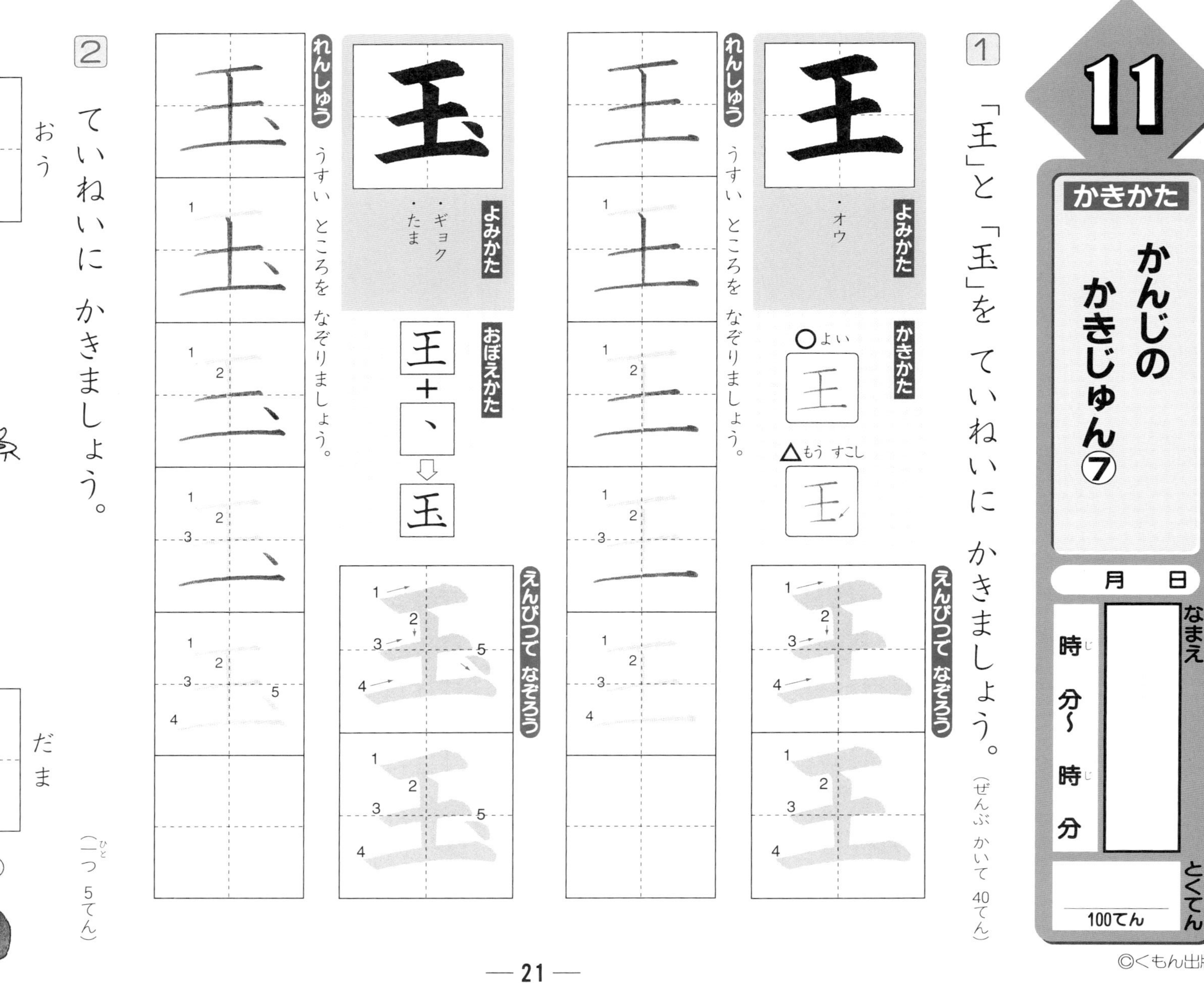

2 ていねいに かきましょう。（一つ 5てん）

① □（おう）さま。

② シャボン□（だま）

3 「正」と「生」を ていねいに かきましょう。（ぜんぶ かいて 40てん）

正

よみかた
・セイ ・ショウ
・ただしい
・ただす
・まさ

かきかた
○よい 正
△もう すこし 正

えんぴつで なぞろう

れんしゅう うすい ところを なぞりましょう。

生

よみかた
・セイ ・ショウ
・いきる ・いかす
・いける ・うまれる
・うむ ・おう
・はえる ・はやす
・き ・なま

かきかた
○よい 生
△もう すこし 生

えんぴつで なぞろう

れんしゅう うすい ところを なぞりましょう。

4 ていねいに かきましょう。（一つ 5てん）

① □（しょう）月（がつ）。

② たん□（じょう）日（び）。

「生」の「丶」は、ちいさく はらって かくよ。うえの てほんの じを みて、ていねいに かこう。

12 かきかた　かんじの かきじゅん⑧

月　日　時 分～ 時 分
なまえ
とくてん　100てん

1 「大」と「中」を ていねいに かきましょう。（ぜんぶ かいて 40てん）

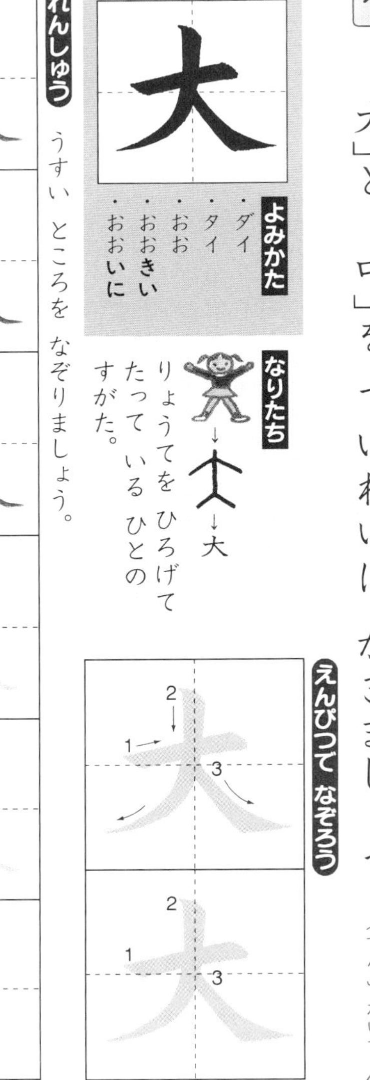

れんしゅう　うすい ところを なぞりましょう。

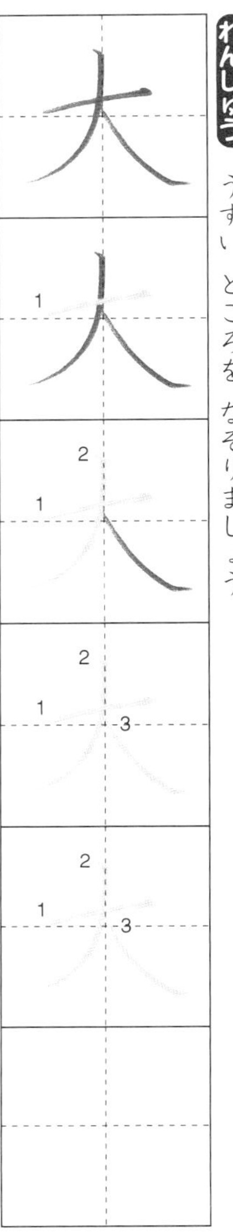

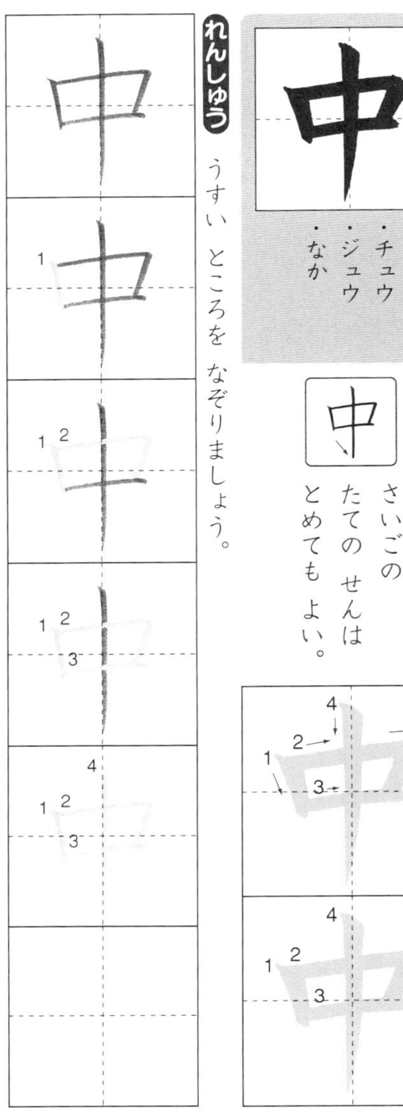

れんしゅう　うすい ところを なぞりましょう。

2 ていねいに かきましょう。（一つ 5てん）

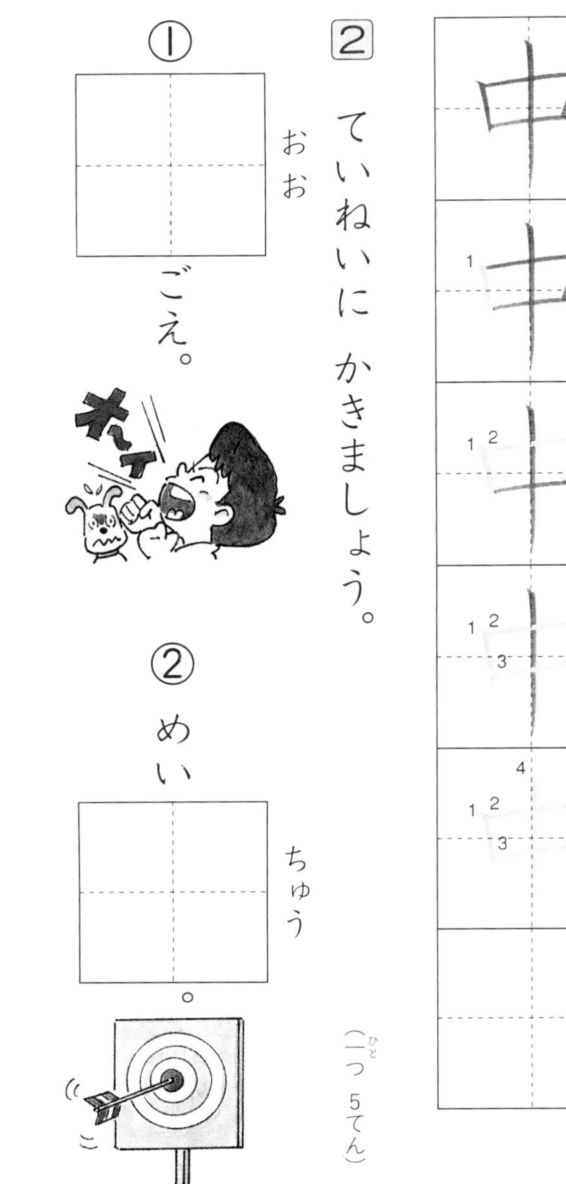

① □（おお）ごえ。

② めい□（ちゅう）。

③「小」と「人」を ていねいに かきましょう。（ぜんぶ かいて 40てん）

小

よみかた
・ショウ
・ちいさい
・こ
・お

かきかた
○よい
△もう すこし

えんぴつで なぞろう

れんしゅう うすい ところを なぞりましょう。

人

よみかた
・ジン
・ニン
・ひと

なりたち
たって いる ひとを よこから えがいた じ。

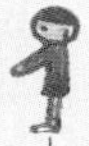

えんぴつで なぞろう

れんしゅう うすい ところを なぞりましょう。

④ ていねいに かきましょう。（一つ 5てん）

① □ゆび。（こ）

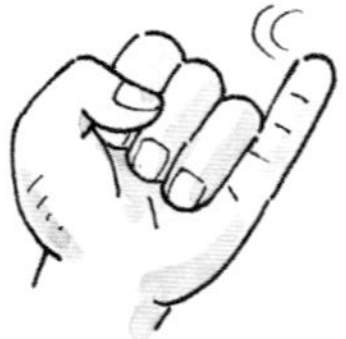

② □ぎょう。（にん）

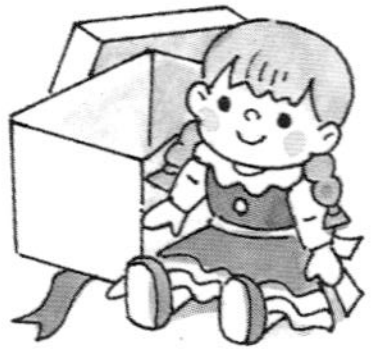

「小」は、まんなかの たての せんを いちばん さきに かくよ。

13 かきかた

かんじの かきじゅん⑨

月　日

なまえ

時　分〜　時　分

とくてん　／100てん

1 「子」と「口」を ていねいに かきましょう。（ぜんぶ かいて 40てん）

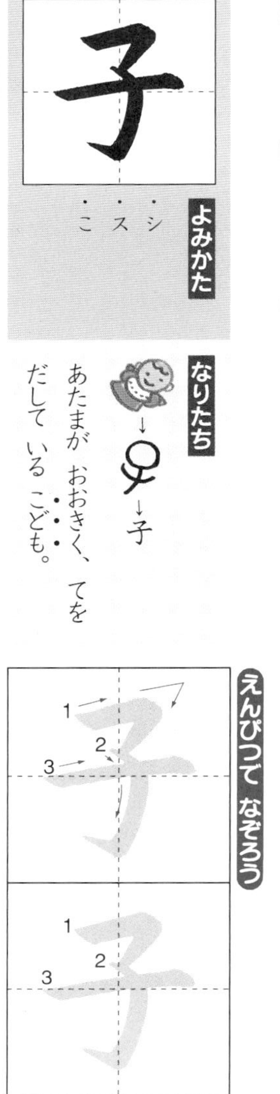

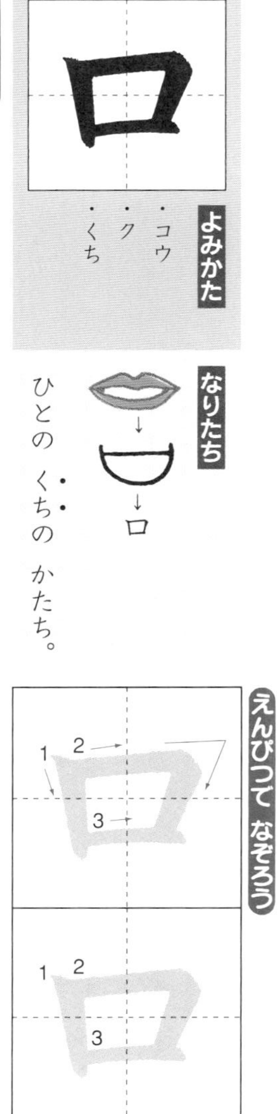

2 ていねいに かきましょう。（一つ 5てん）

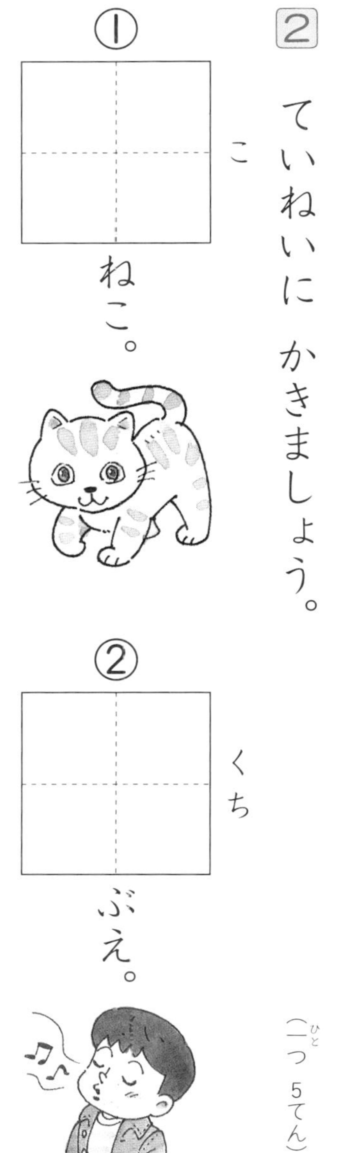

3 「目」と「耳」を ていねいに かきましょう。（ぜんぶ かいて 40てん）

目

よみかた
・モク
・ボク
・め
・ま

なりたち 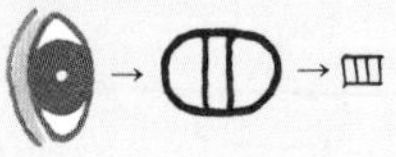
目
ひとの めの かたち。

えんぴつで なぞろう

れんしゅう
うすい ところを なぞりましょう。

耳

よみかた
・ジ
・みみ

なりたち 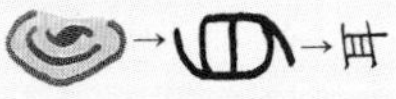
耳
ひとの みみの かたち。

えんぴつで なぞろう

れんしゅう
うすい ところを なぞりましょう。

4 ていねいに かきましょう。（一つ 5てん）

① （め）ぐすり。

② （みみ）たぶ。

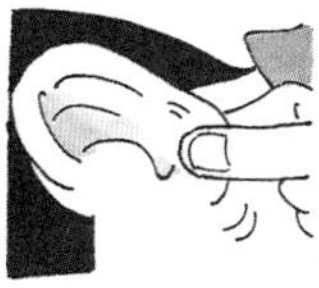

「子」の「了」の ところは 二かいで かくんだよ。

14 かきかた

かんじの かきじゅん⑩

月　日

なまえ

時　分〜　時　分

とくてん　　100てん

1 「手」と「足」を ていねいに かきましょう。（ぜんぶ かいて 40てん）

手

よみかた
・シュ
・て
・た

なりたち 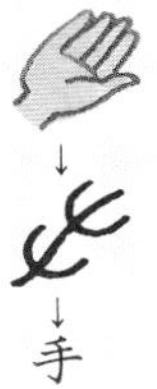
↓手
ゆびを ひろげた
ひとの て・の かたち。

えんぴつで なぞろう

れんしゅう うすい ところを なぞりましょう。

足

よみかた
・ソク
・あし
・た**りる**
・た**る**
・た**す**

かきかた
○よい
△もう すこし

えんぴつで なぞろう

れんしゅう うすい ところを なぞりましょう。

2 ていねいに かきましょう。（一つ 5てん）

① （て）じな。

② えん（そく）

3 「男」と「女」を ていねいに かきましょう。（ぜんぶ かいて 40てん）

男

よみかた
・ダン
・ナン
・おとこ

おぼえかた
田＋力⇩男

えんぴつで なぞろう

れんしゅう
うすい ところを なぞりましょう。

女

よみかた
・ジョ
・ニョ
・ニョウ
・おんな
・め

おぼえかた
く＋ノ＋一⇩女
「く・の・いち」で「おんな」。

えんぴつで なぞろう

れんしゅう
うすい ところを なぞりましょう。

4 ていねいに かきましょう。（一つ 5てん）

① おとこ の子。

② おんな の子。

「手」の「亅」が「亅」のように まっすぐに ならないように かこうね。

15 かきかた

かんじの かきじゅん⑪ まとめ

月　日

なまえ

時　分～　時　分

とくてん　100てん

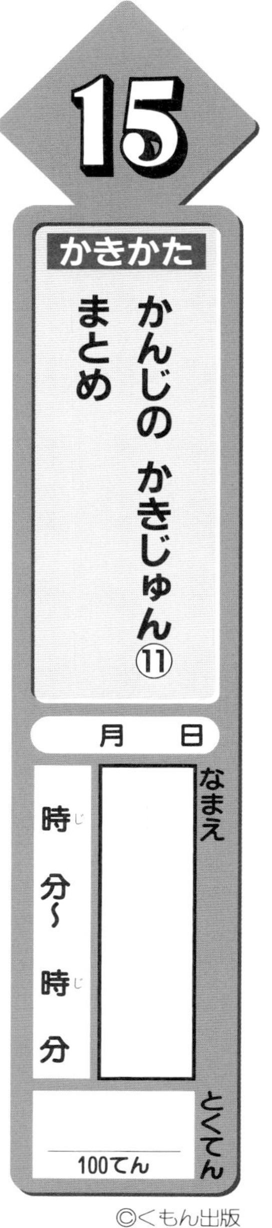

1 かきじゅんに きを つけて かきましょう。

（かんじを 二かい かいて 6てん）

左 ▶「左」を かきましょう。

右 ▶「右」を かきましょう。

玉 ▶「玉」を かきましょう。

正 ▶「正」を かきましょう。

生 ▶「生」を かきましょう。

足 ▶「足」を かきましょう。

男 ▶「男」を かきましょう。

耳 ▶「耳」を かきましょう。

2 ◯の なかに かきじゅんを すうじで いれましょう。

（ぜんぶ できて 7てん）

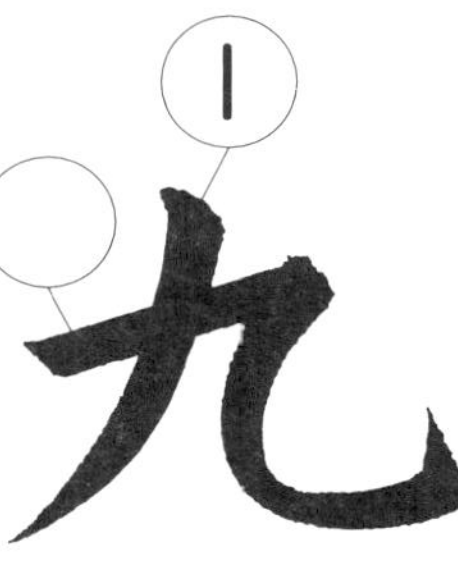

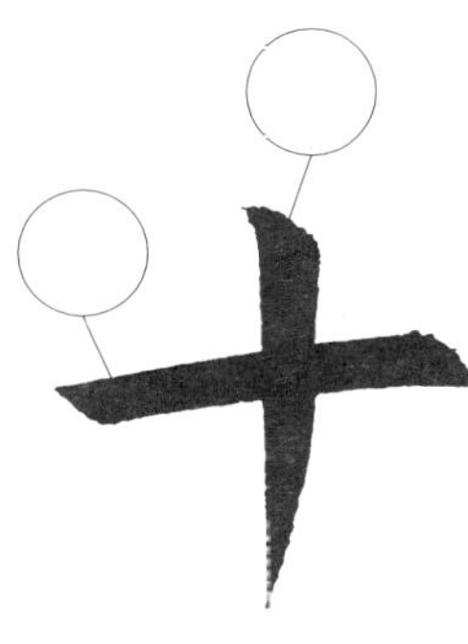

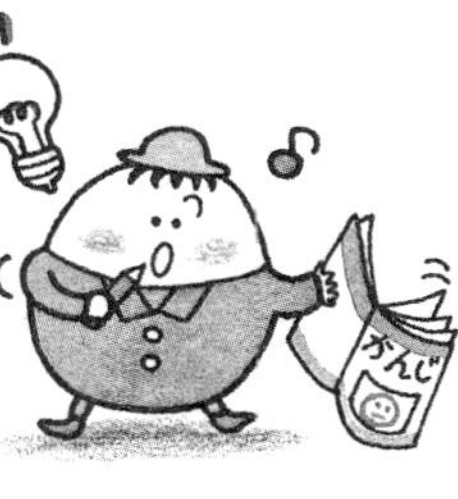

3 つぎの かきじゅんの かんじを □に かきましょう。（一つ 7てん）

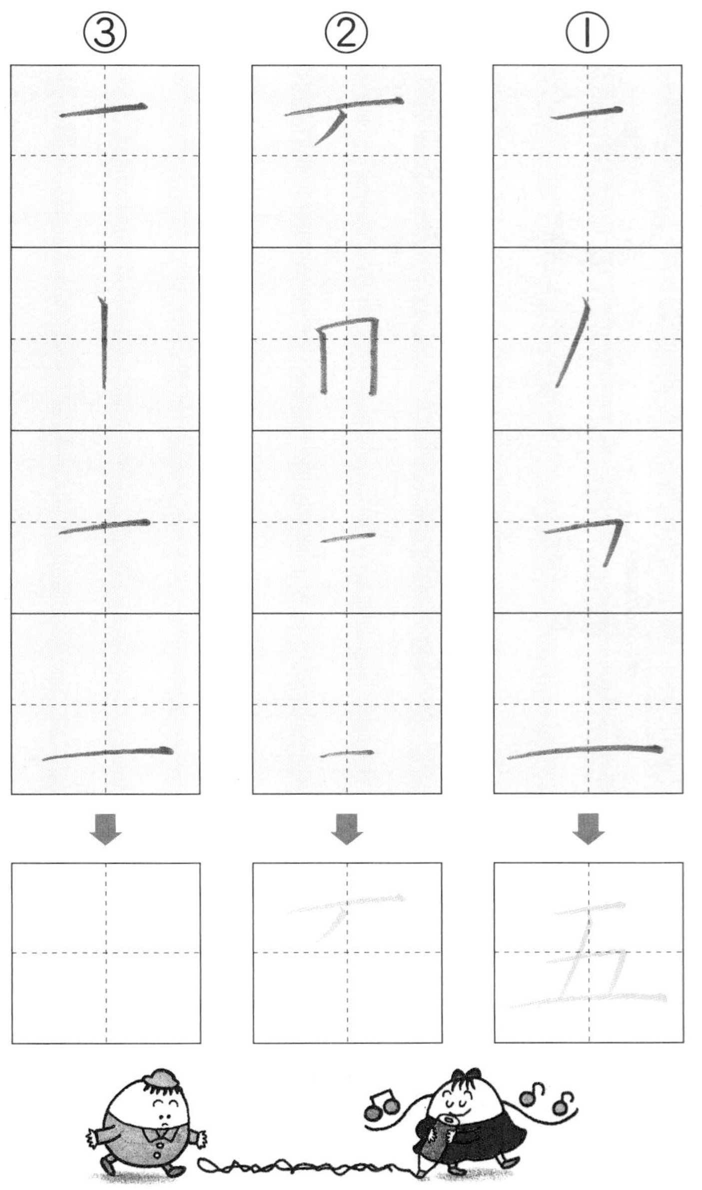

① 一 ノ ㇇ 一 → 五

② 一 丆 冂 一 一 → （　）

③ 一 丨 一 一 → （　）

4 かきじゅんの ただしい ほうに、○を かきましょう。（一つ 6てん）

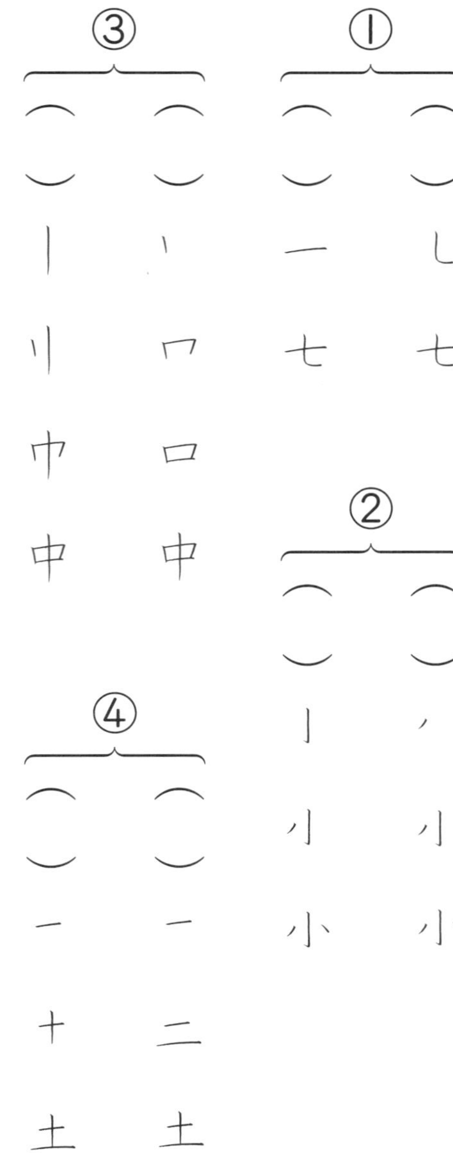

①
（　）し 七
（　）一 七

②
（　）丶 小 小
（　）亅 小 小

③
（　）丶 口 中
（　）丨 リ 巾 中

④
（　）一 二 土
（　）一 十 土

「十」のように よこ画（よこの せん）と たて画（たての せん）が まじわる ところは、よこ画を さきに かくよ。

16 かんじ　かんじの れんしゅう①

月　日　なまえ

時　分〜　時　分

とくてん　100てん

1 「林」と「空」を ていねいに かきましょう。（ぜんぶ かいて 20てん）

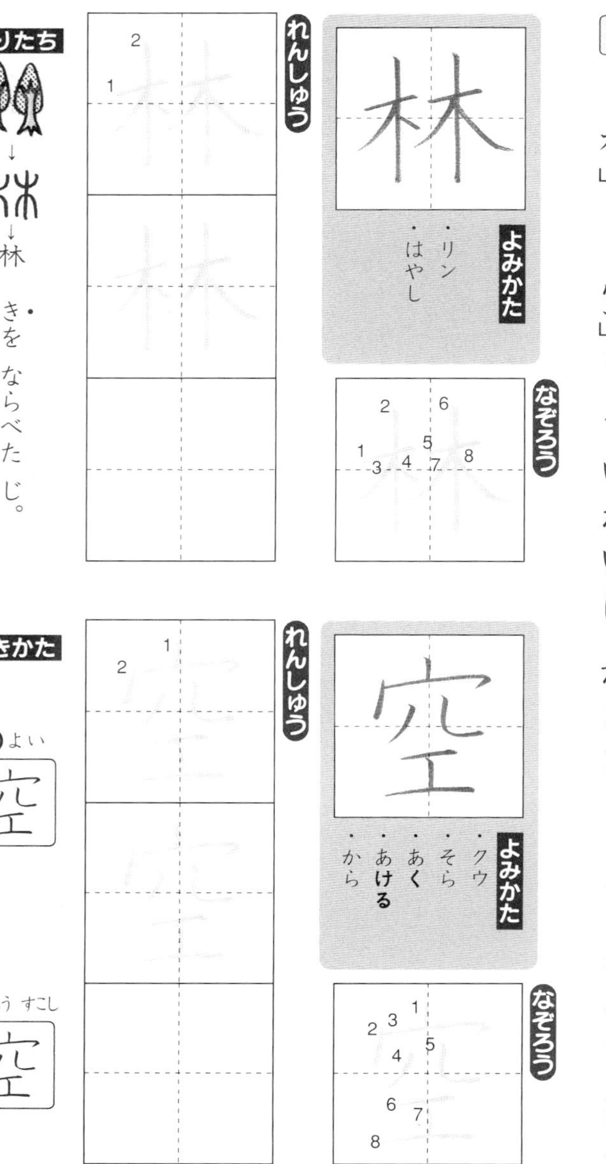

2 「字」と「花」を ていねいに かきましょう。（ぜんぶ かいて 20てん）

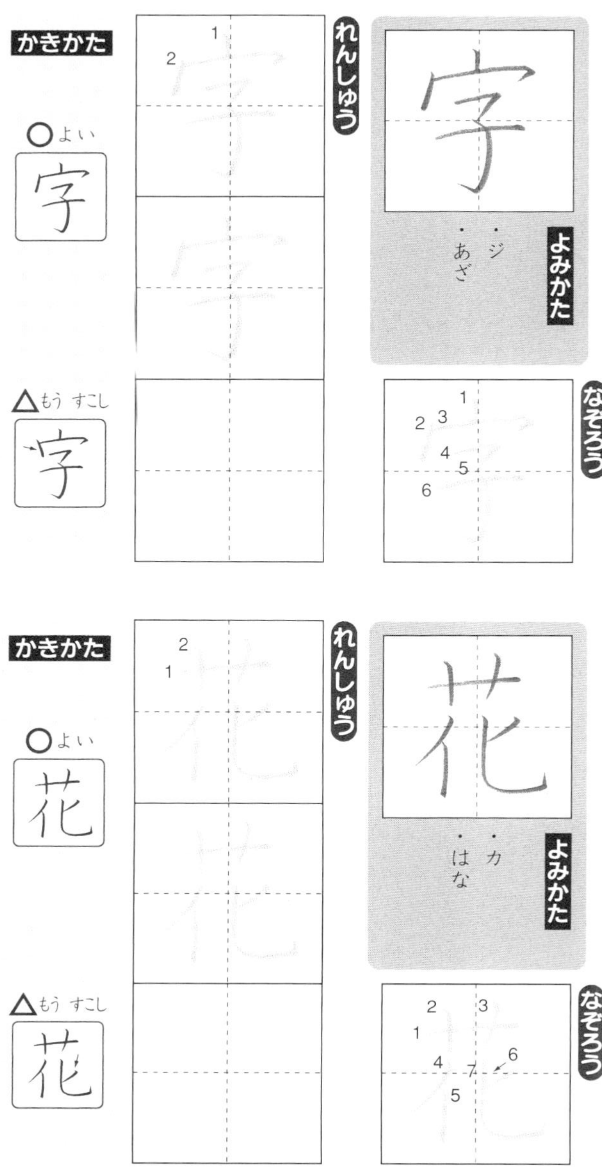

3 れんしゅうしてから、□に あう かんじを かきましょう。

（一もん ぜんぶ かいて 15てん）

① れんしゅう 林 林

まつばやし

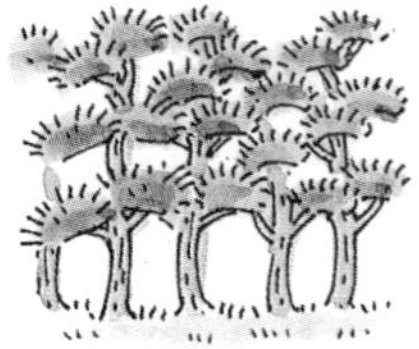

りんどう。

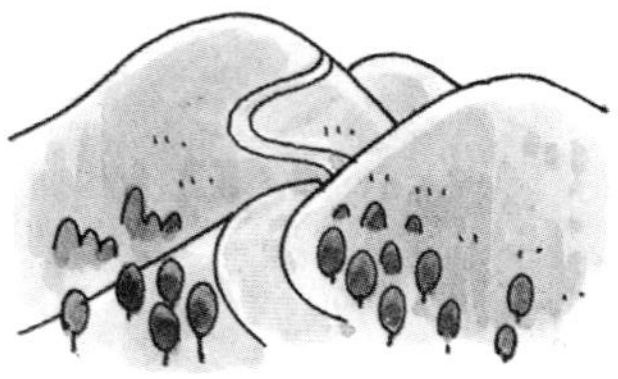

※林どう…山林の なかを とおる みち。木を きって はこんだり する ために つくられた みち。

② れんしゅう 空 空

くうき。

そらのほし。

③ れんしゅう 字 字

かんじ。

④ れんしゅう 花 花

かびん。

「林」は 「木」が 二つ あわさった かんじだね。かきじゅんは 「木」の かきじゅんと おなじだよ。

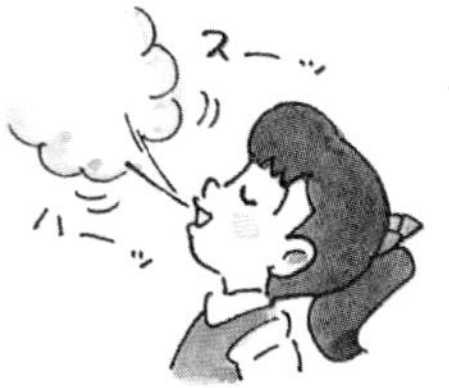

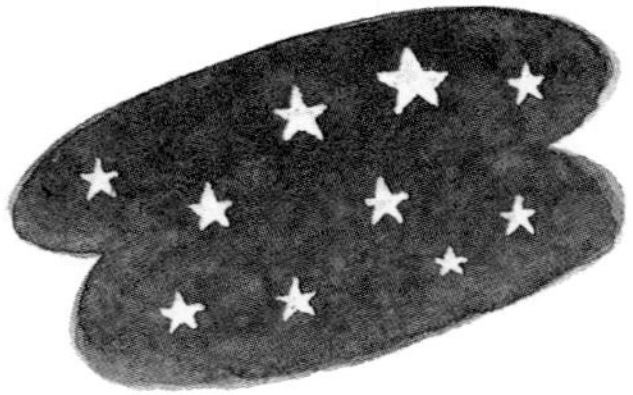

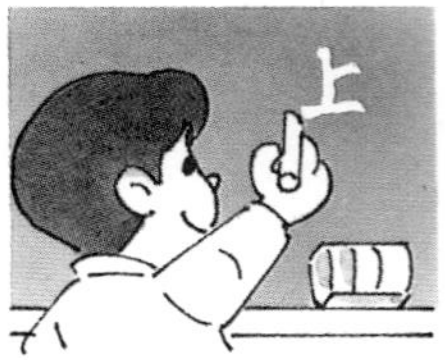

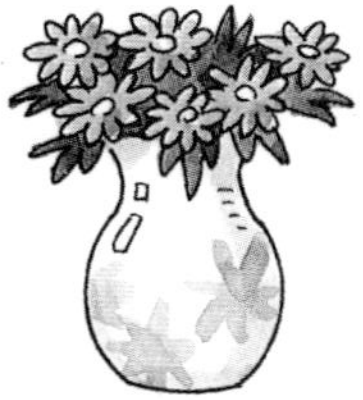

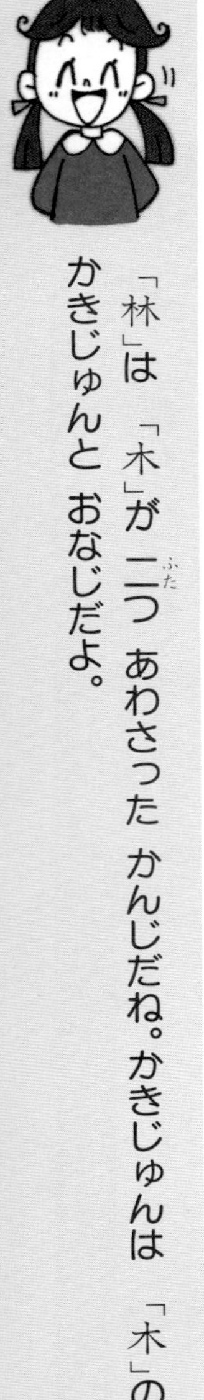

17 かきかた かんじの 運筆(うんぴつ)① 「とめ」

月　日　なまえ
時　分～　時　分
とくてん　100てん

1 「とめ」(○)に きを つけて、□に かんじを かき ましょう。(かんじを 二(に)かい かいて 10てん)

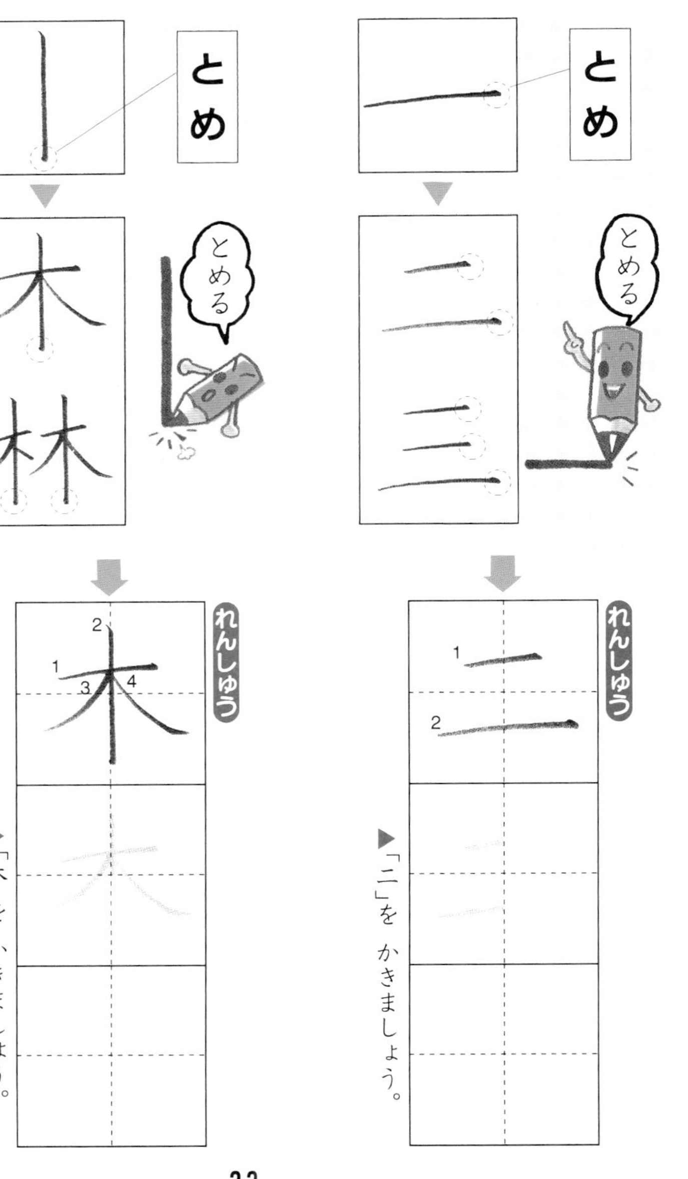

▶「二」を かきましょう。

▶「木」を かきましょう。

2 「とめ」に きを つけて かきましょう。(かんじを 五(ご)かい かいて 15てん)

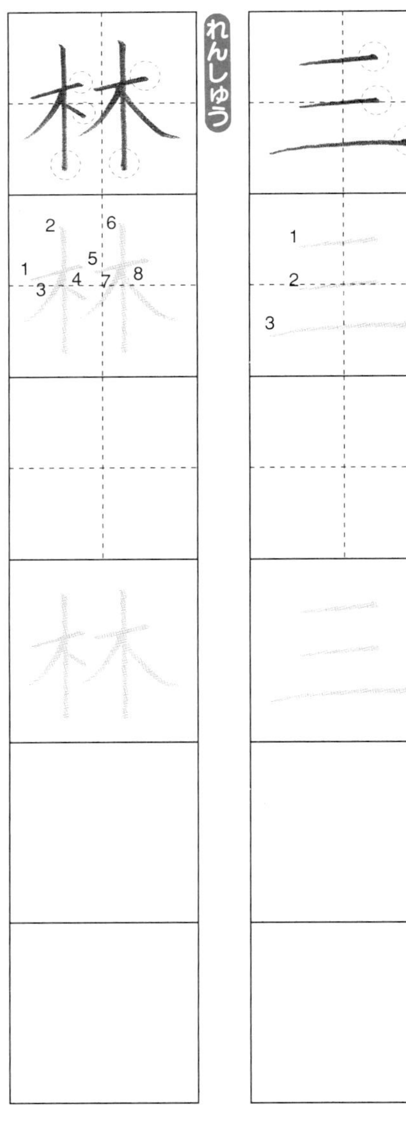

3 「とめ」（◌）に きを つけて、▢に かんじを かきましょう。（かんじを 二かい かいて 10てん）

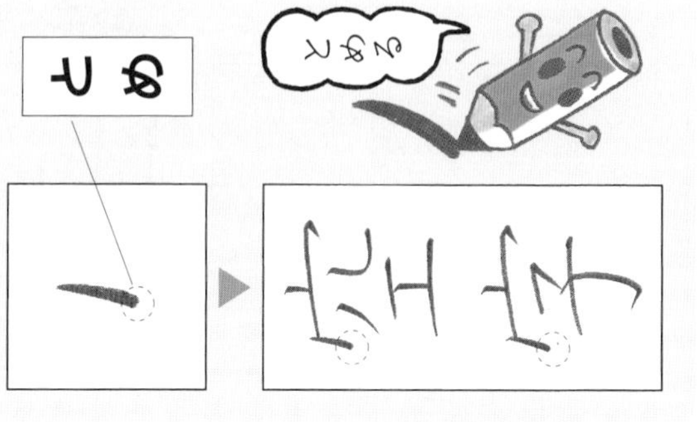

とめ

とめる

空 字

れんしゅう

空

▲「空」を かきましょう。

とめ

とめる

六 下

れんしゅう

六

▲「六」を かきましょう。

4 「とめ」に きを つけて かきましょう。（かんじを 五かい かいて 15てん）

◌の ところを とめよう。いろいろな むきの 「とめ」が あるよ。

18 かんじ かんじの れんしゅう②

月　日

なまえ

時　分～　時　分

とくてん　　100てん

1 「川」と「入」を ていねいに かきましょう。（ぜんぶ かいて 20てん）

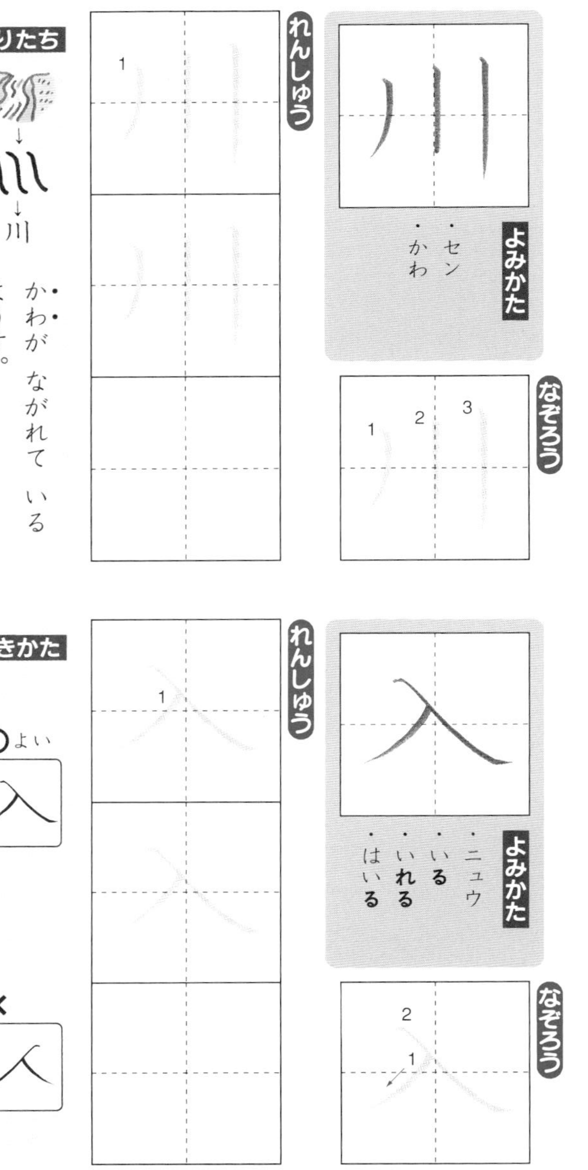

2 「田」と「山」を ていねいに かきましょう。（ぜんぶ かいて 20てん）

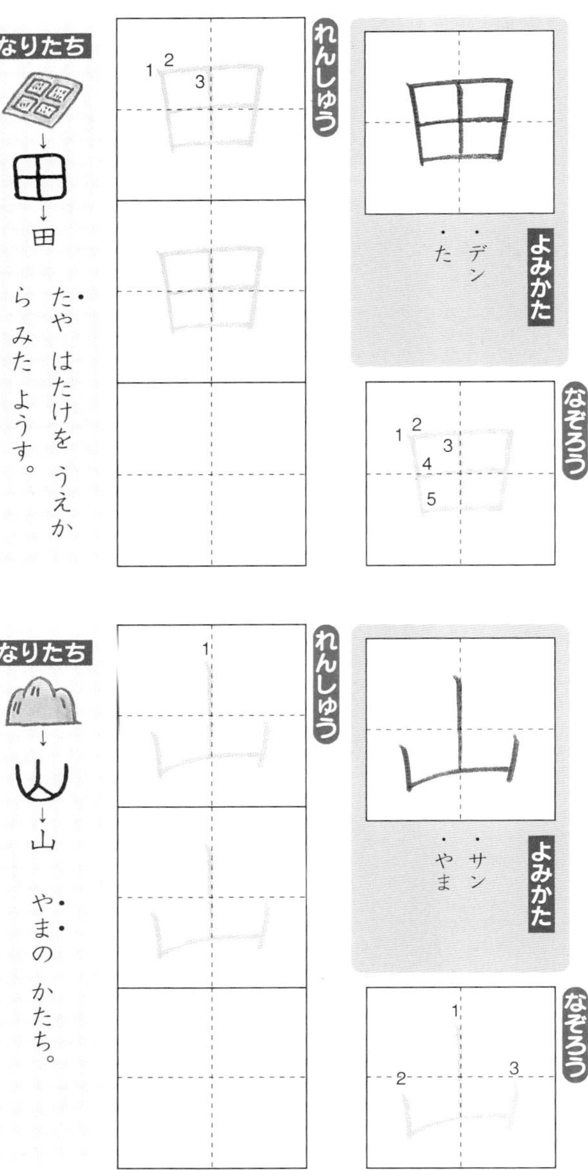

3 れんしゅうしてから、□に あう かんじを かきましょう。

（一もん ぜんぶ かいて 15てん）

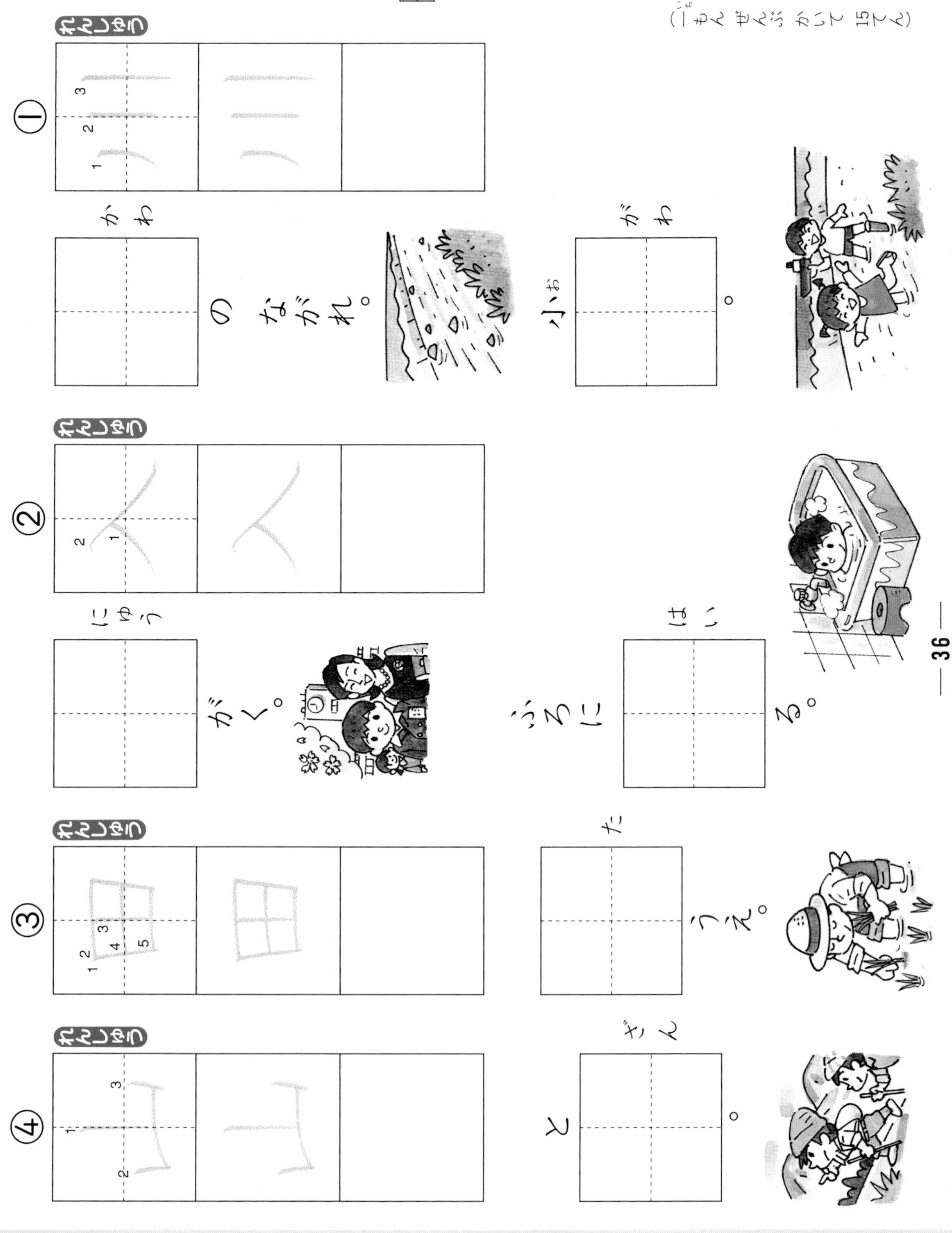

① れんしゅう 川

□（かわ）の ながれ。

小□（がわ）。

② れんしゅう 入

□（にゅう）がく。

ふろに □（はい）る。

③ れんしゅう 田

□（た）うえ。

④ れんしゅう 山

□（ざん）と □。

「川」は、ひだりから じゅんに かくんだね。

かんじの 運筆(うんぴつ)② 「はね」

1 「はね」(◯)に きを つけて、□に かんじを かきましょう。(かんじを 二(に)かい かいて 10てん)

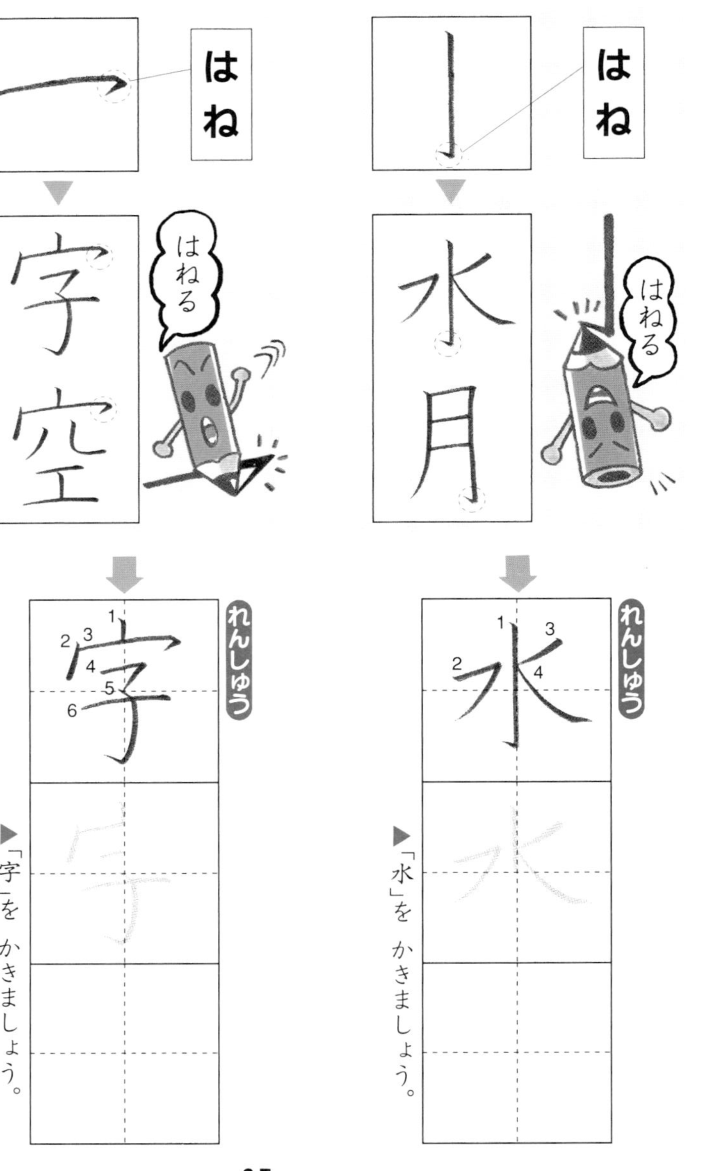

▶「水」を かきましょう。

▶「字」を かきましょう。

2 「はね」に きを つけて かきましょう。(かんじを 五(ご)かい かいて 15てん)

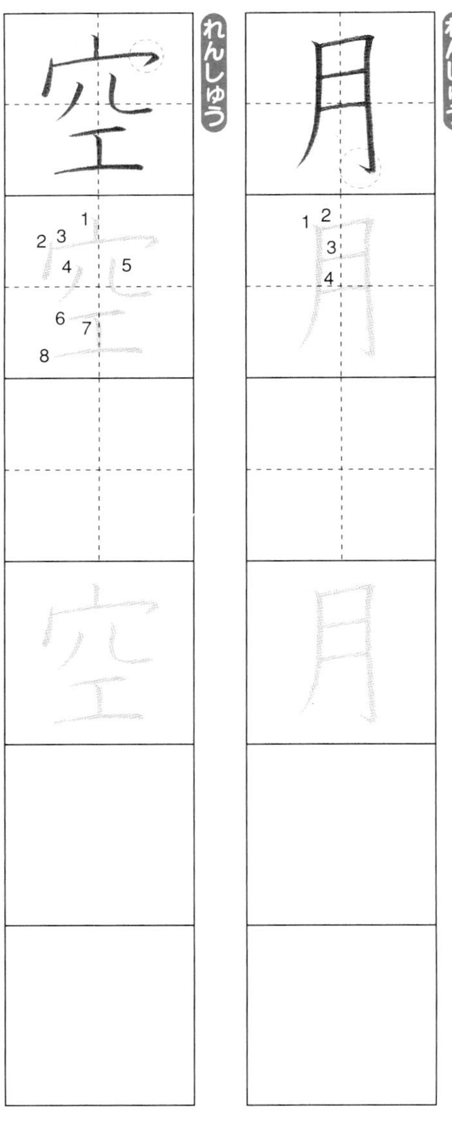

3 「はね」(◯)に きを つけて、□に かんじを かきましょう。（かんじを 二かい かいて 10てん）

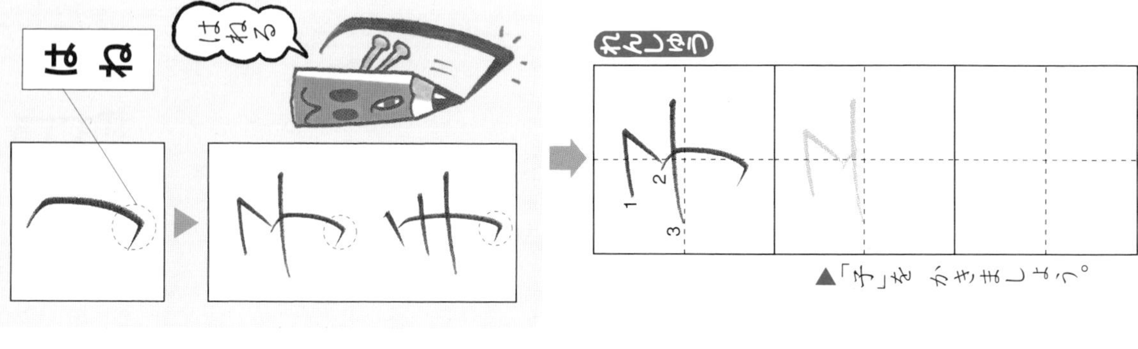

れんしゅう
子
▲「子」を かきましょう。

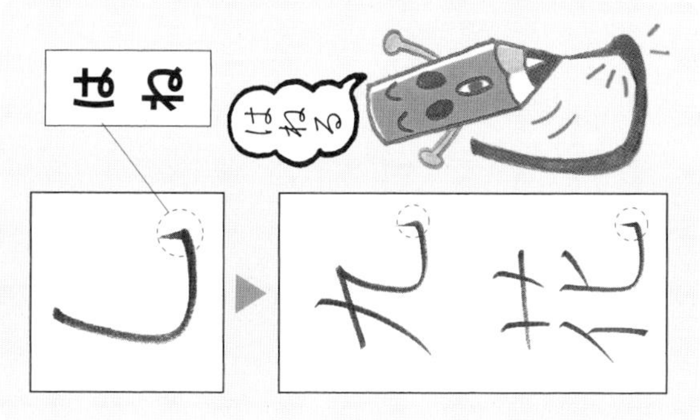

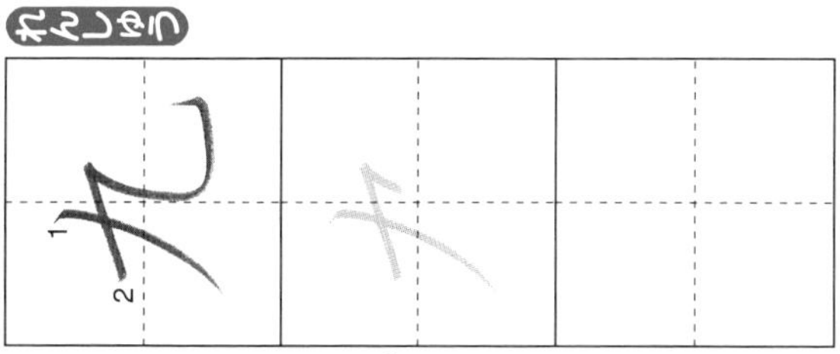

れんしゅう
九
▲「九」を かきましょう。

4 「はね」に きを つけて かきましょう。（かんじを 五かい かいて 15てん）

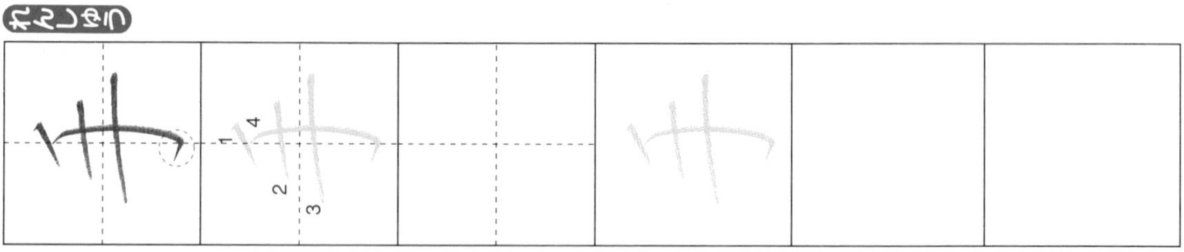

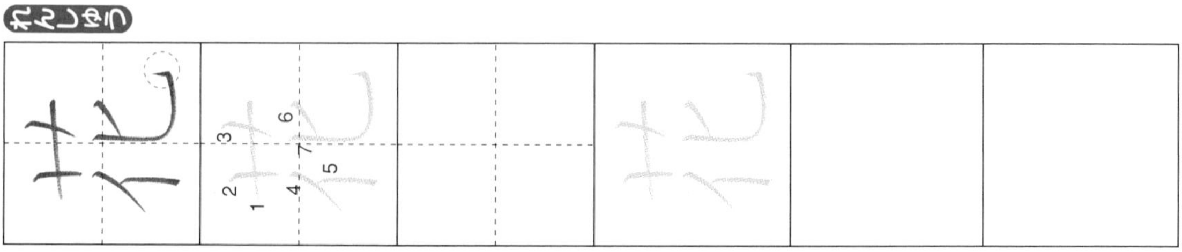

れんしゅう
手

れんしゅう
花

はねる まえに いちど えんぴつを とめて、むきに きを つけてから 「ぴんっ」と はねよう。

20

かんじ

かんじの れんしゅう③

月　日

なまえ

時　分～　時　分

とくてん　　100てん

1 「出」と「糸」を ていねいに かきましょう。（ぜんぶ かいて 20てん）

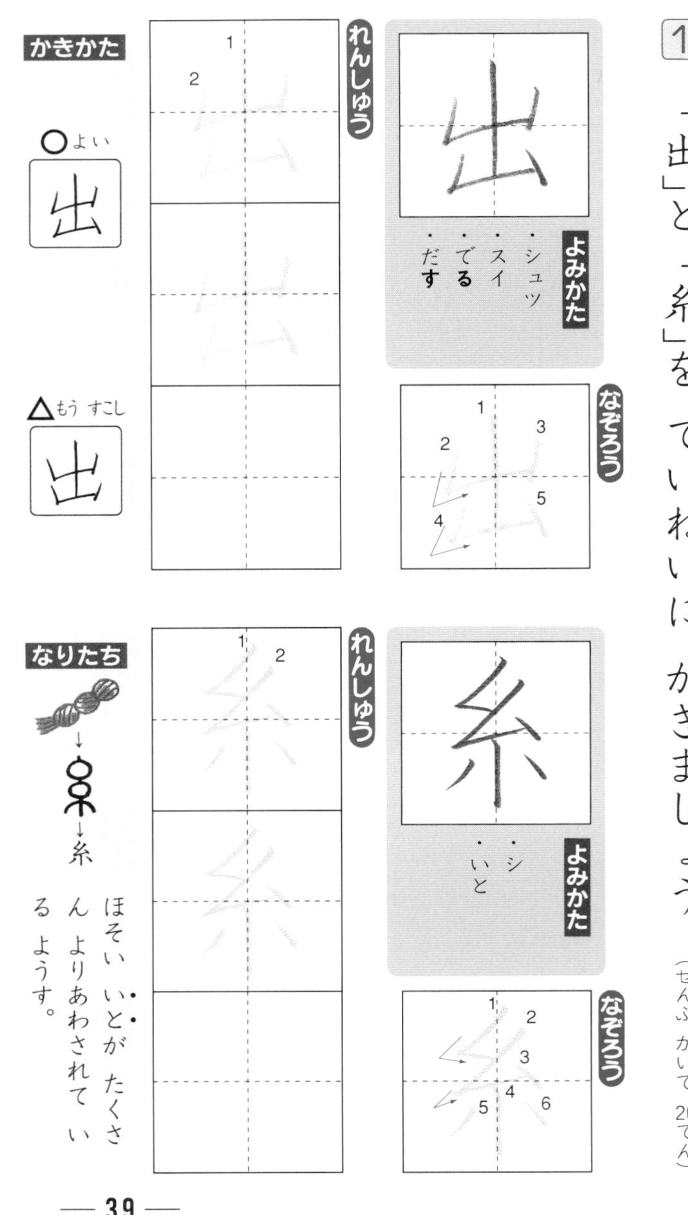

2 「学」と「気」を ていねいに かきましょう。（ぜんぶ かいて 20てん）

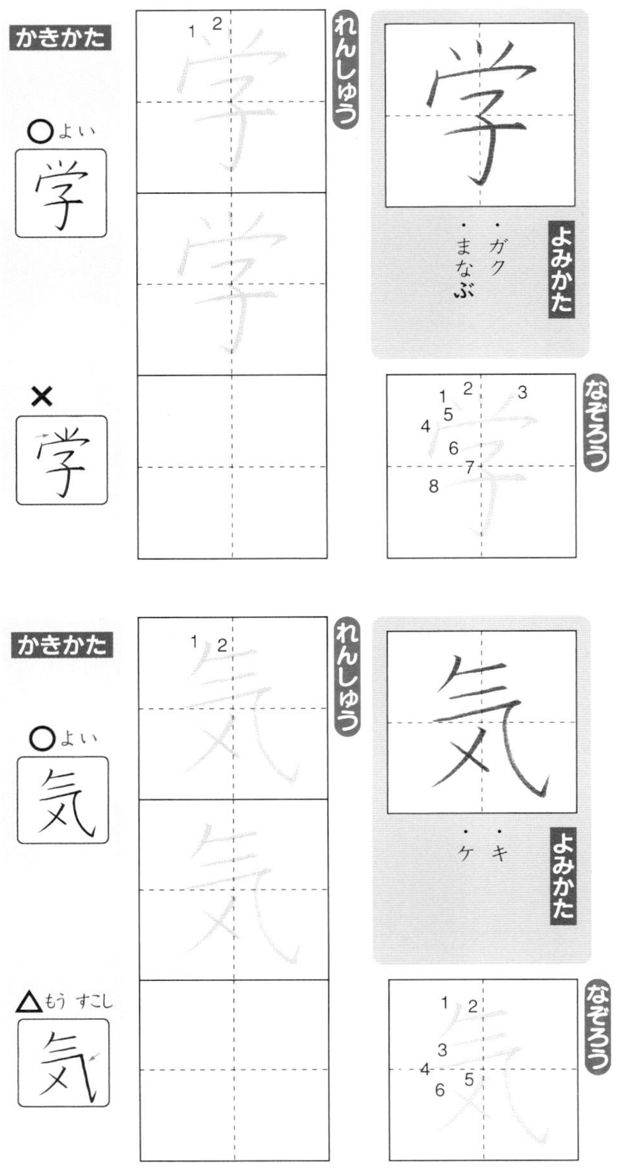

3 れんしゅうしてから、□に あう かんじを かきましょう。
(一もん ぜんぶ かいて 15てん)

① れんしゅう 出 出

（しゅっ）□ぱつ。

月（つき）が □（で）る。

② れんしゅう 糸 糸

け□（いと）。

くもの □（いと）。

③ れんしゅう 学 学

□（がっ）こう。

④ れんしゅう 気 気

てん□（き）。

「糸」の「〻」と「〻」は、それぞれ 一（いっ）かいで かくよ。

21 かきかた かんじの 運筆(うんぴつ)③「はらい」

月　日

なまえ

時　分～　時　分

とくてん　　100てん

1 「はらい」(◯)に きを つけて、□に かんじを かきましょう。(かんじを 二かい かいて 10てん)

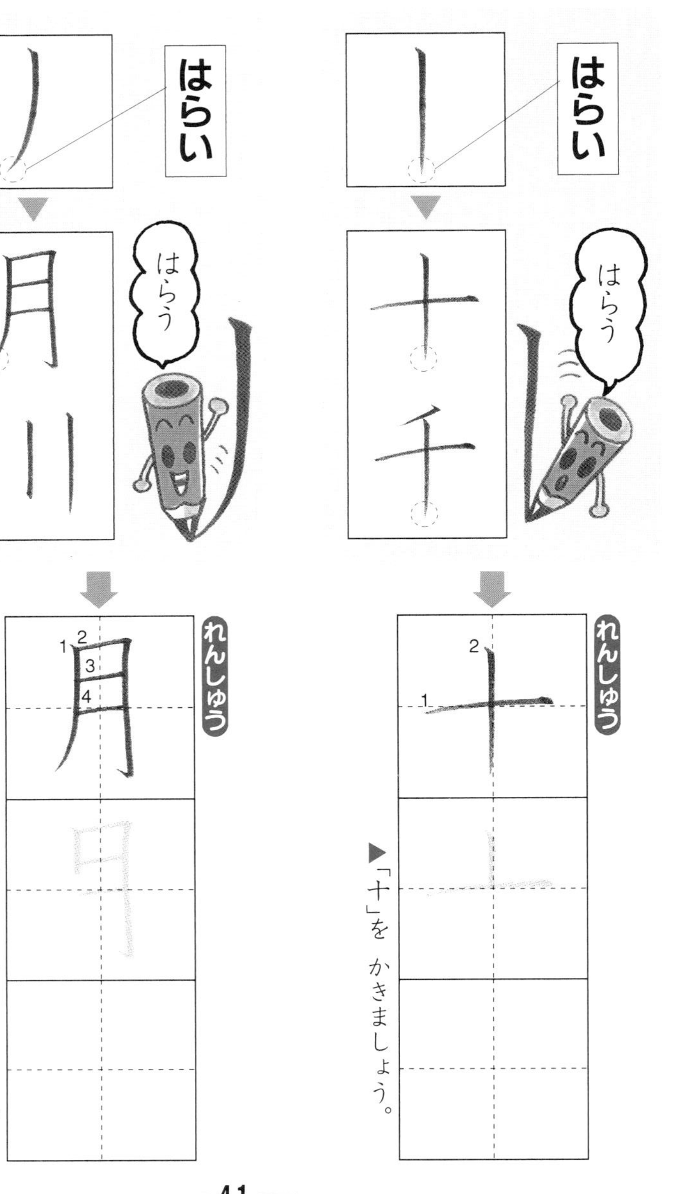

▶「十」を かきましょう。

▶「月」を かきましょう。

2 「はらい」に きを つけて かきましょう。(かんじを 五かい かいて 15てん)

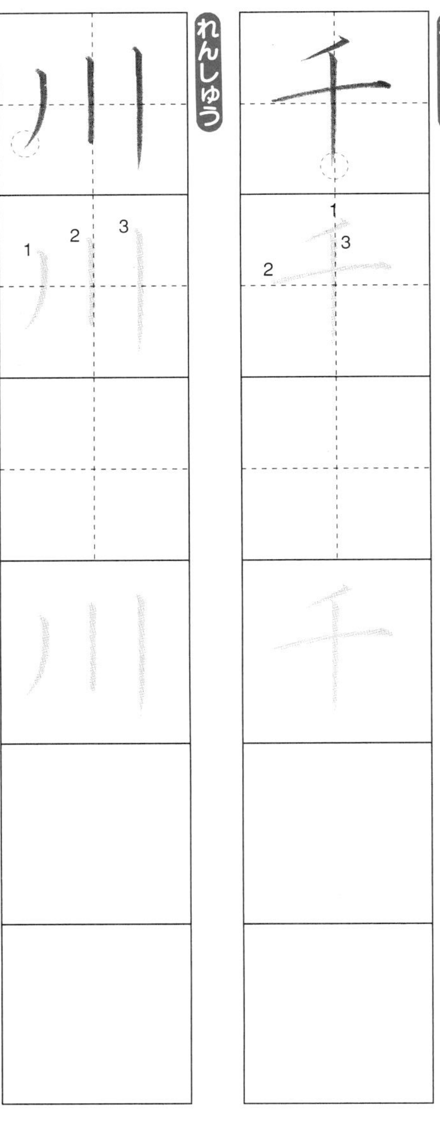

3 「はらい」(◯)に きを つけて、□に かんじを かきましょう。（かんじを 二かい かいて 10てん）

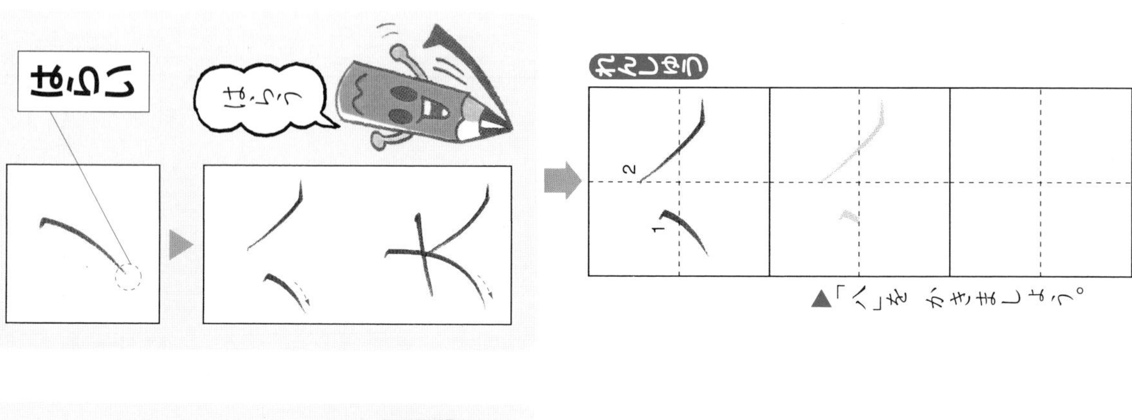

れんしゅう

▲「八」を かきましょう。

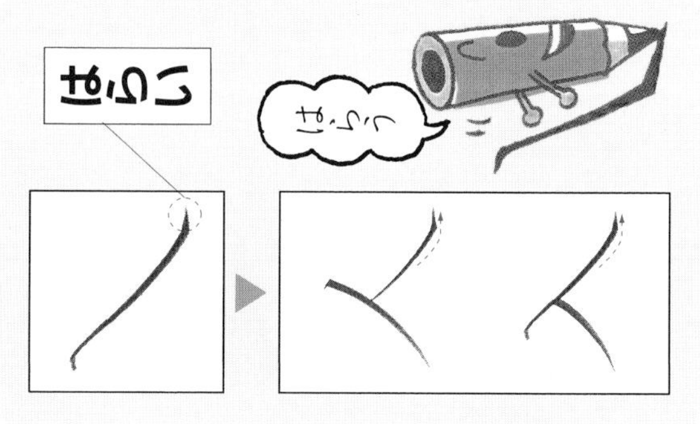

れんしゅう

▲「人」を かきましょう。

4 「はらい」に きを つけて かきましょう。（かんじを 五かい かいて 15てん）

れんしゅう

大

れんしゅう

人

「十」や 「千」のように、さいごに たて画(たての せん)を かく ときは 「とめ」で かいても いいよ。

22 かんじ かんじの れんしゅう④

月　日　なまえ

時　分～　時　分

とくてん　／100てん

1 「森」と「虫」を ていねいに かきましょう。（ぜんぶ かいて 20てん）

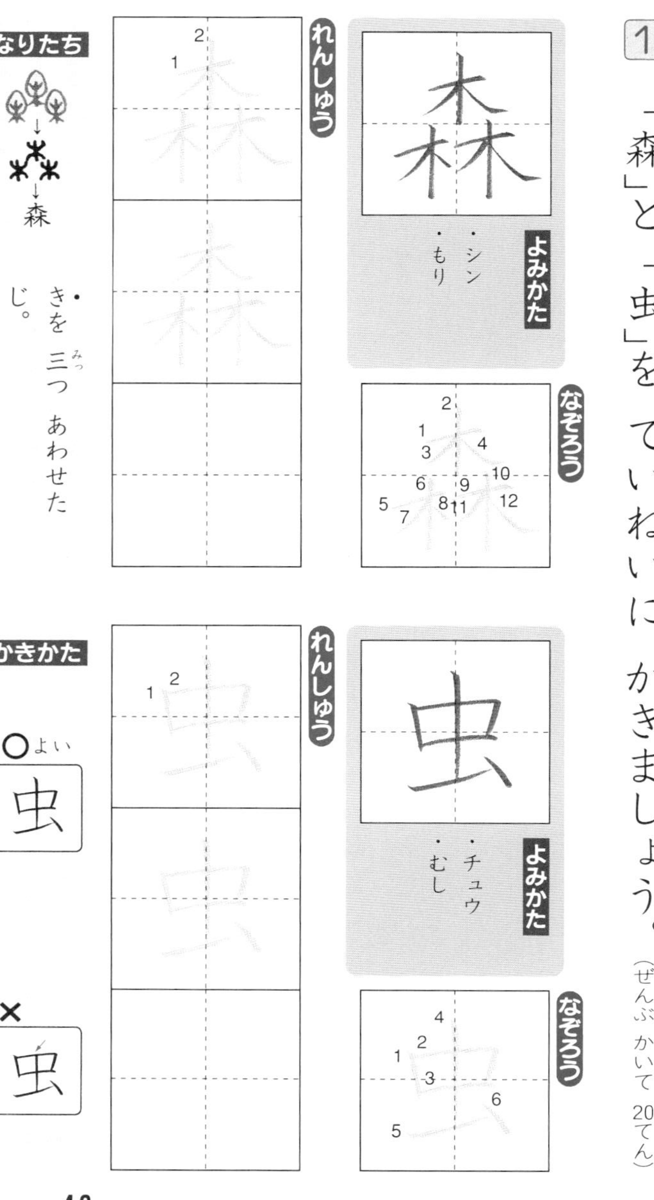

2 「見」と「石」を ていねいに かきましょう。（ぜんぶ かいて 20てん）

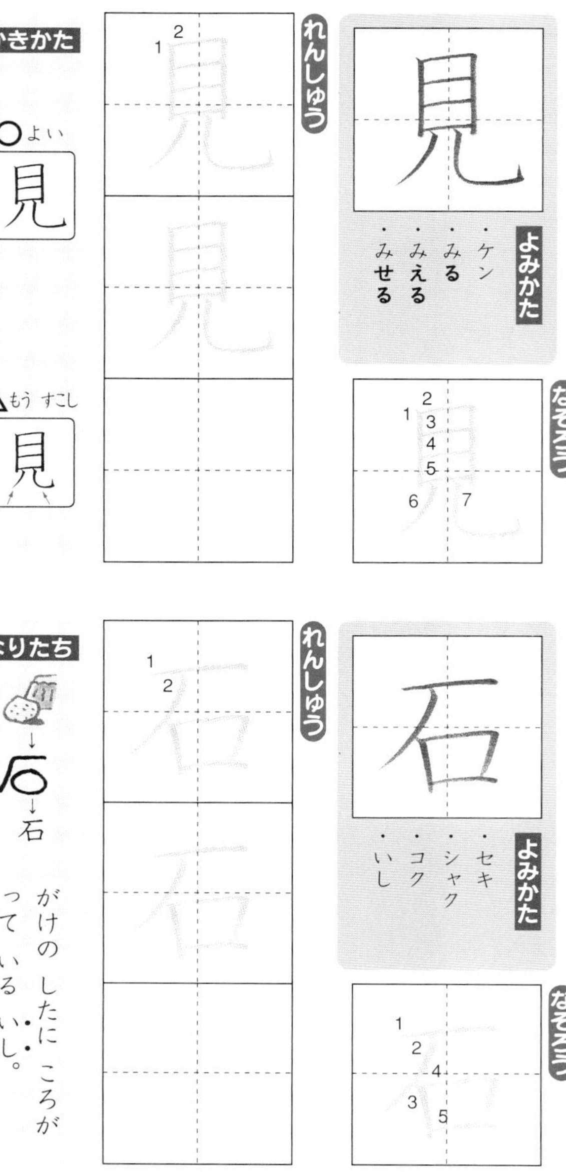

3 れんしゅうしてから、□に あう かんじを かきましょう。（一もん ぜんぶ かいて 15てん）

①　れんしゅう　森　森

□（しん）林。

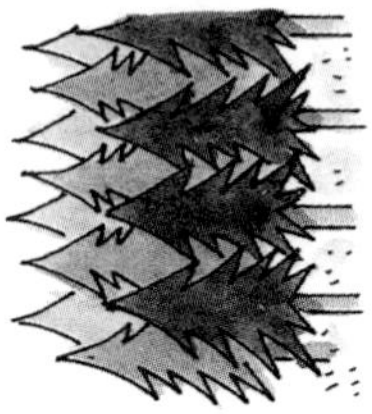

□（もり）を あるく。

②　れんしゅう　虫　虫

こん□（ちゅう）。

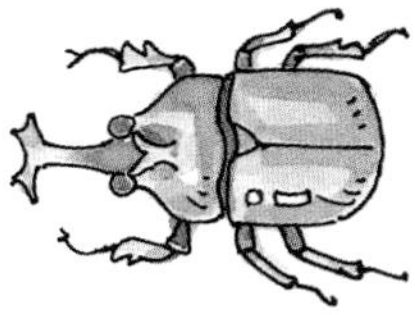

□（むし）が とぶ。

③　れんしゅう　見　見

□（けん）学。

④　れんしゅう　石　石

ほう□（せき）。

「木」「林」「森」は いっしょに おぼえよう。

1 「おれ」に きを つけて、□に かんじを かきましょう。（かんじを 二かい かいて 10てん）

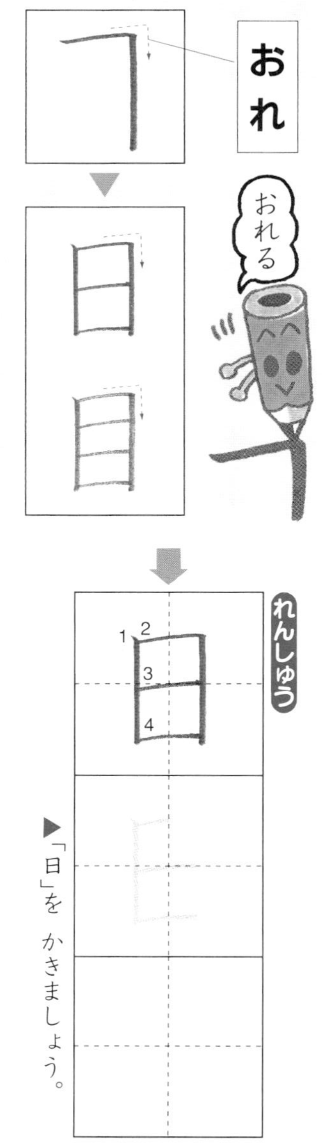

▶「日」を かきましょう。

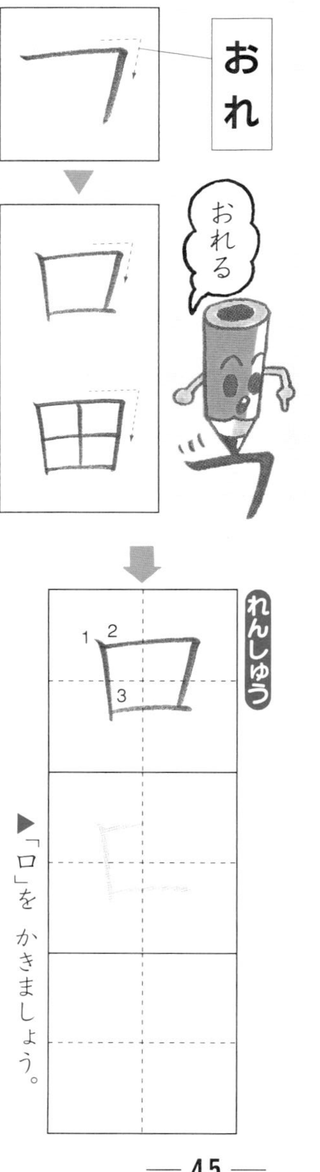

▶「口」を かきましょう。

2 「おれ」に きを つけて かきましょう。（かんじを 五かい かいて 15てん）

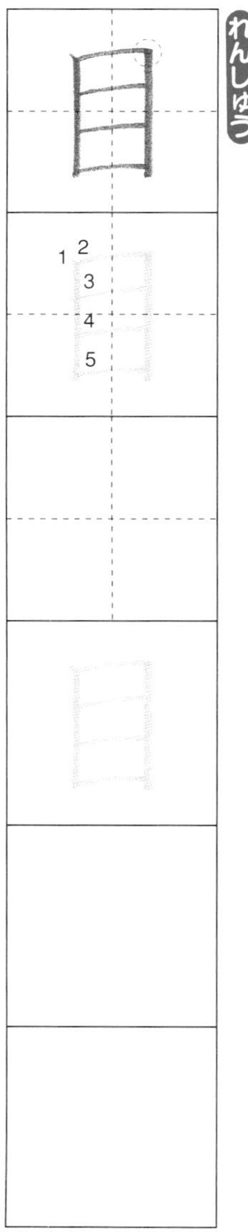

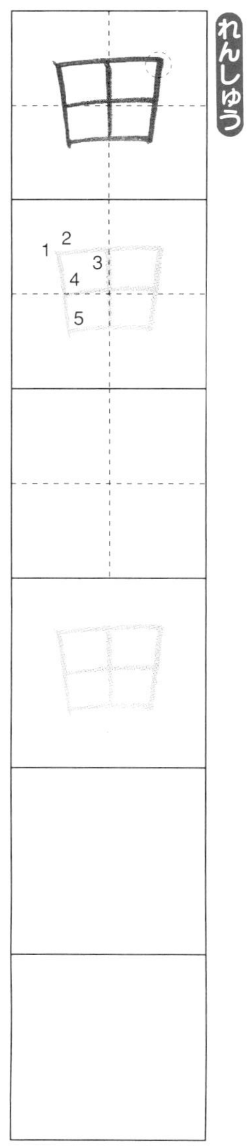

3 「おれ」に きを つけて、□に かんじを かきましょう。(かんじを 二かい かいて 10てん)

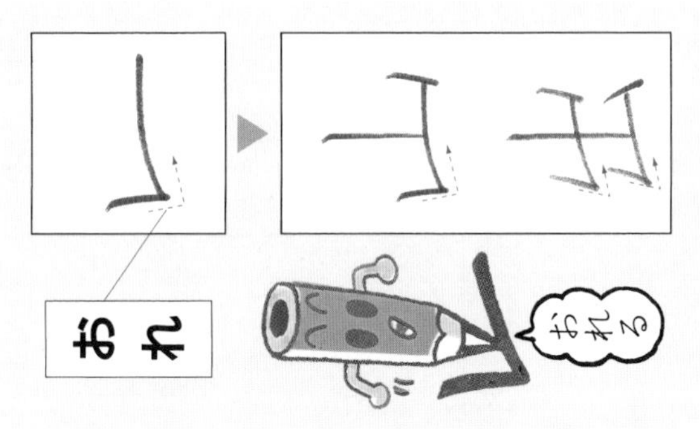

おれ

山 出

れんしゅう

▲「山」を かきましょう。

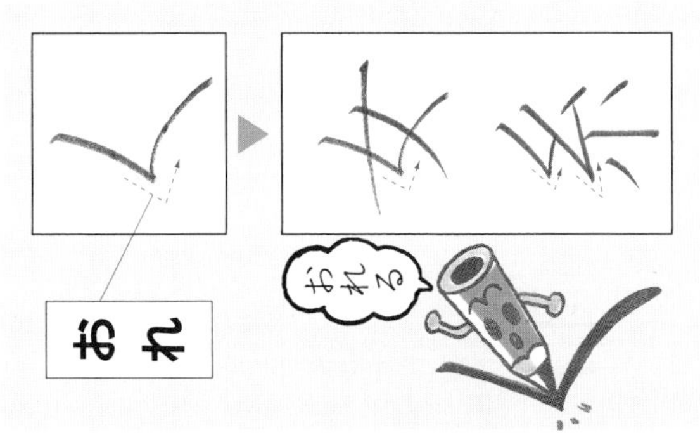

おれ

女 糸

れんしゅう

▲「女」を かきましょう。

4 「おれ」に きを つけて かきましょう。(かんじを 五かい かいて 15てん)

「おれ」の ところで いったん とめて、むきを かえて すすむんだよ。
もじに よって すすむ むきが かわる ことが あるよ。

24 かんじ　かんじの れんしゅう⑤

月　日
なまえ
時　分～　時　分
とくてん　100てん

1 「白」と「立」を ていねいに かきましょう。（ぜんぶ かいて 20てん）

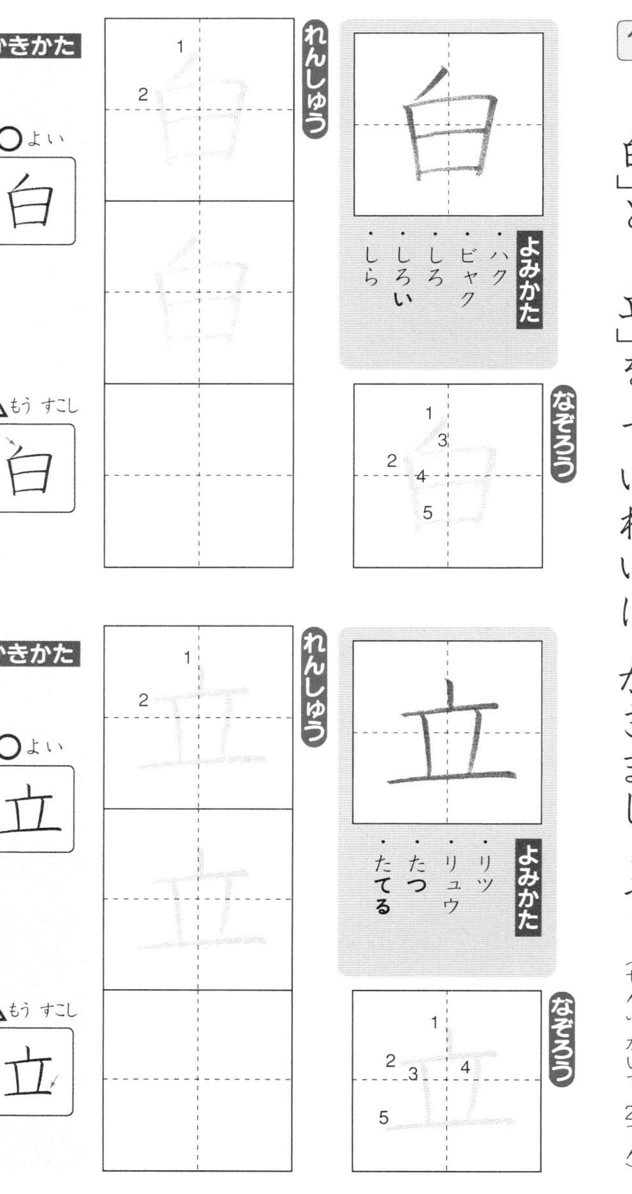

2 「音」と「早」を ていねいに かきましょう。（ぜんぶ かいて 20てん）

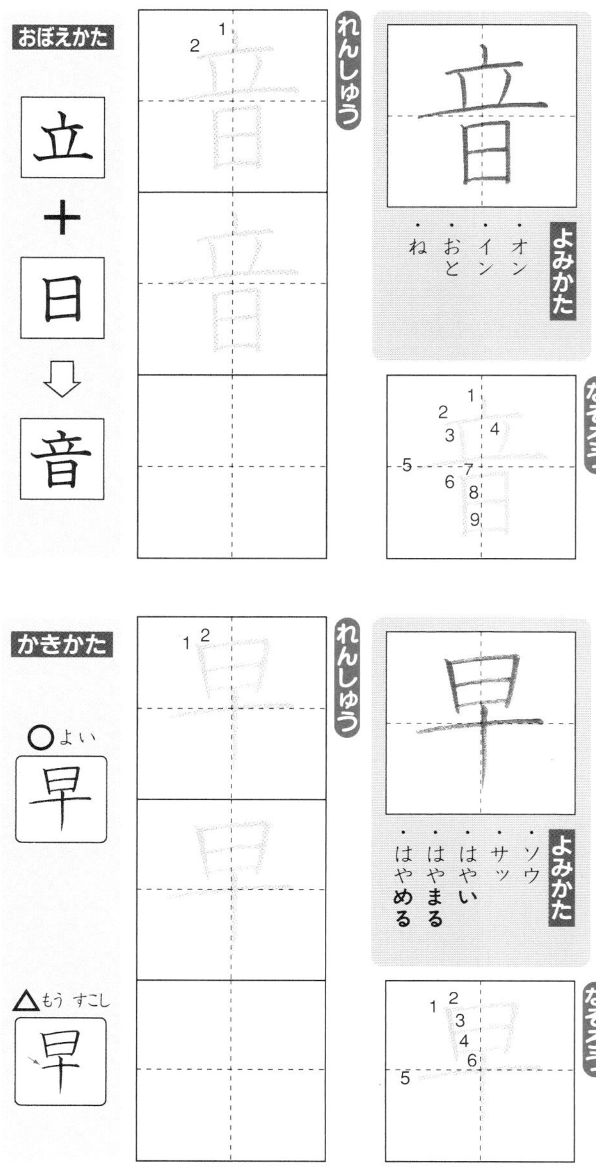

3 れんしゅうしてから、□に あう かんじを かきましょう。（一もん ぜんぶ かいて 15てん）

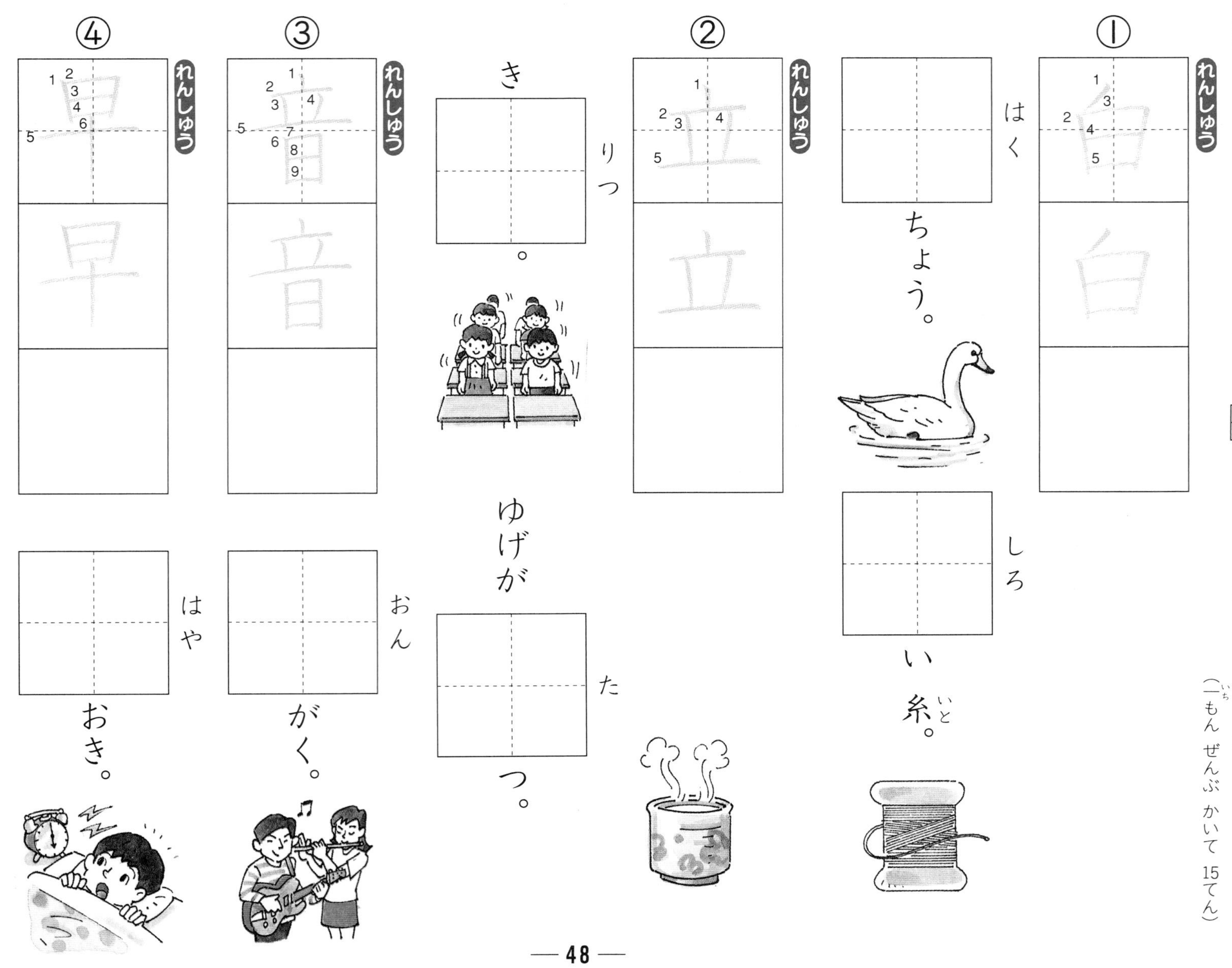

「白」の「日」は、「日」と おなじ かきじゅんだよ。

25 かんじの 運筆(うんぴつ)⑤ 「まがり」「そり」

1 「まがり」に きを つけて、□に かんじを かきましょう。(かんじを 二かい かいて 10てん)

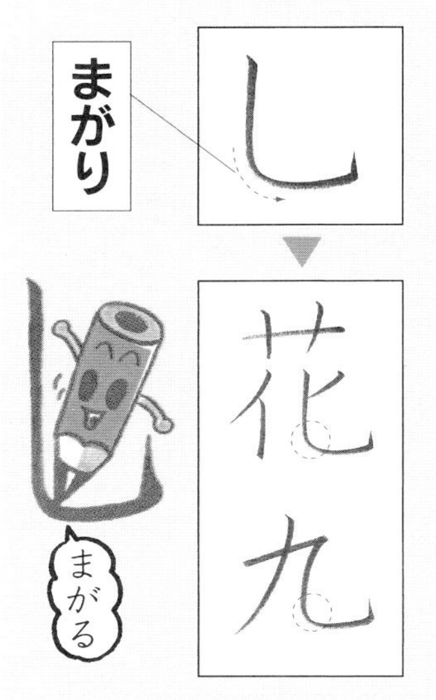

まがり
し → 花 九
まがる

れんしゅう
花
▶「花」を かきましょう。

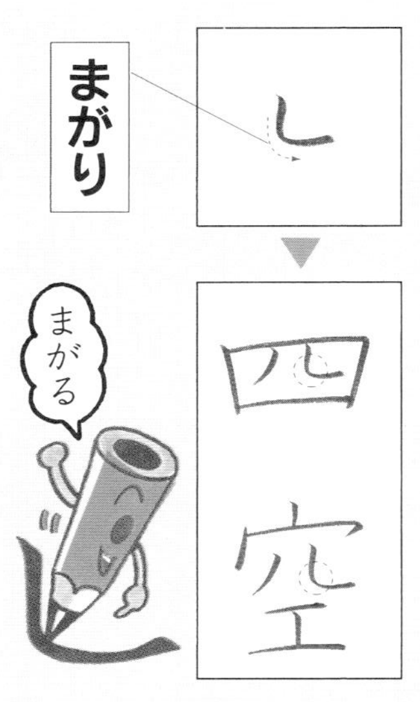

まがり
し → 四 空
まがる

れんしゅう
四
▶「四」を かきましょう。

2 「まがり」に きを つけて かきましょう。(かんじを 五かい かいて 15てん)

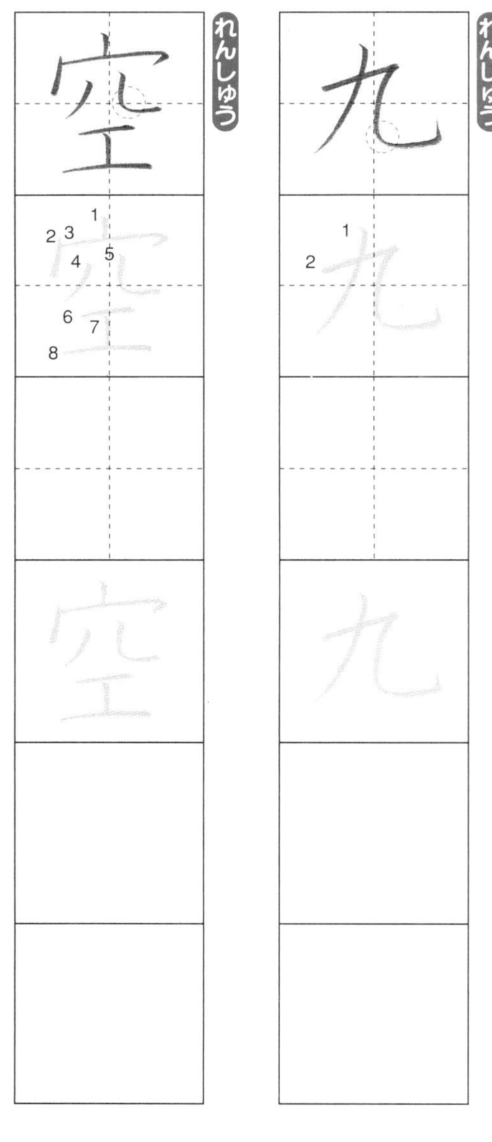

③ 「そり」に きを つけて、□に かんじを かきましょう。
（かんじを 二かい かいて 10てん）

そり

（そる）

れんしゅう

子 字

▲「子」を かきましょう。

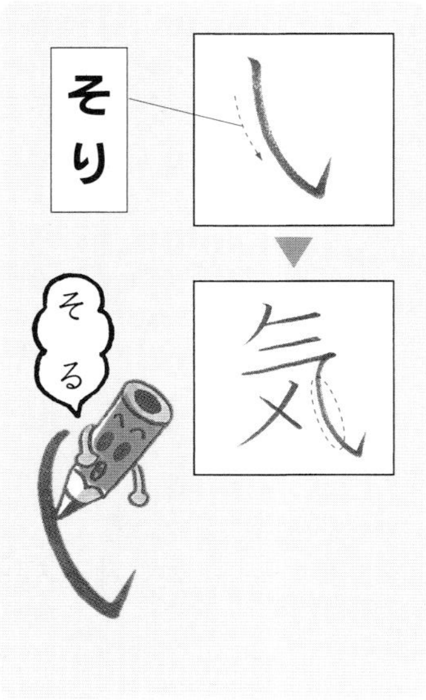

そり

（そる）

れんしゅう

気

▲「気」を かきましょう。

④ 「そり」に きを つけて かきましょう。（かんじを 五かい かいて 15てん）

れんしゅう

字

れんしゅう

気

「そり」は まっすぐに ならないように まるみを もたせながら かこう。

26 かんじ かんじの れんしゅう⑥

月　日　なまえ

時　分～　時　分

とくてん　100てん

1 「草」と「天」を ていねいに かきましょう。（ぜんぶ かいて 20てん）

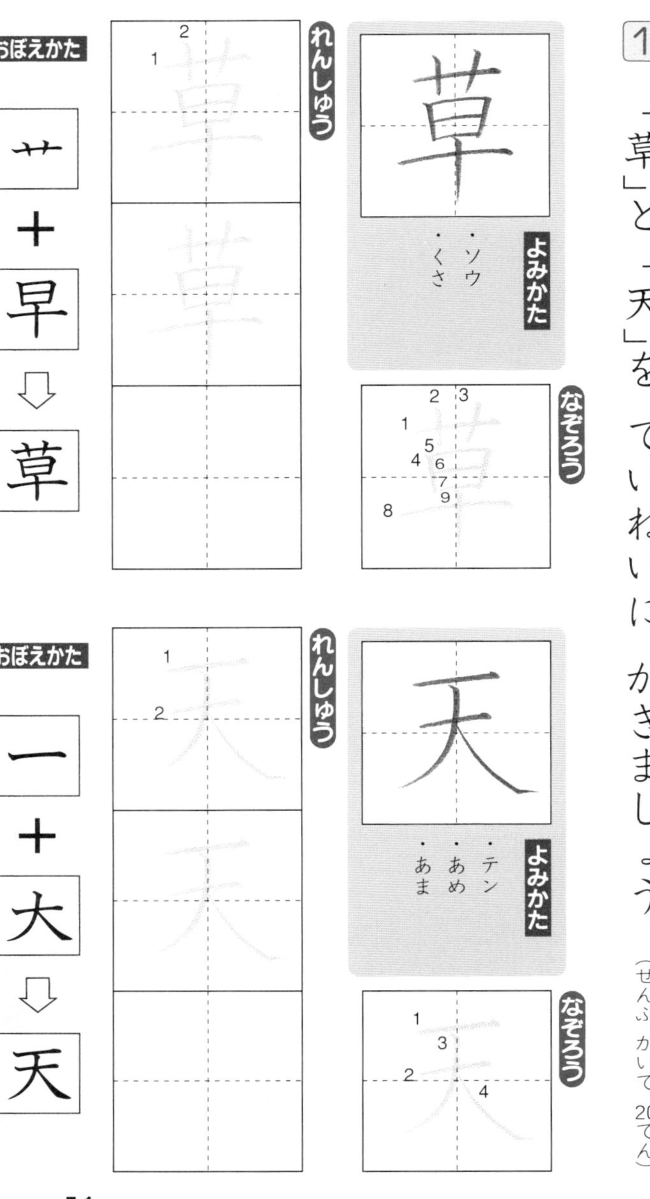

2 「車」と「先」を ていねいに かきましょう。（ぜんぶ かいて 20てん）

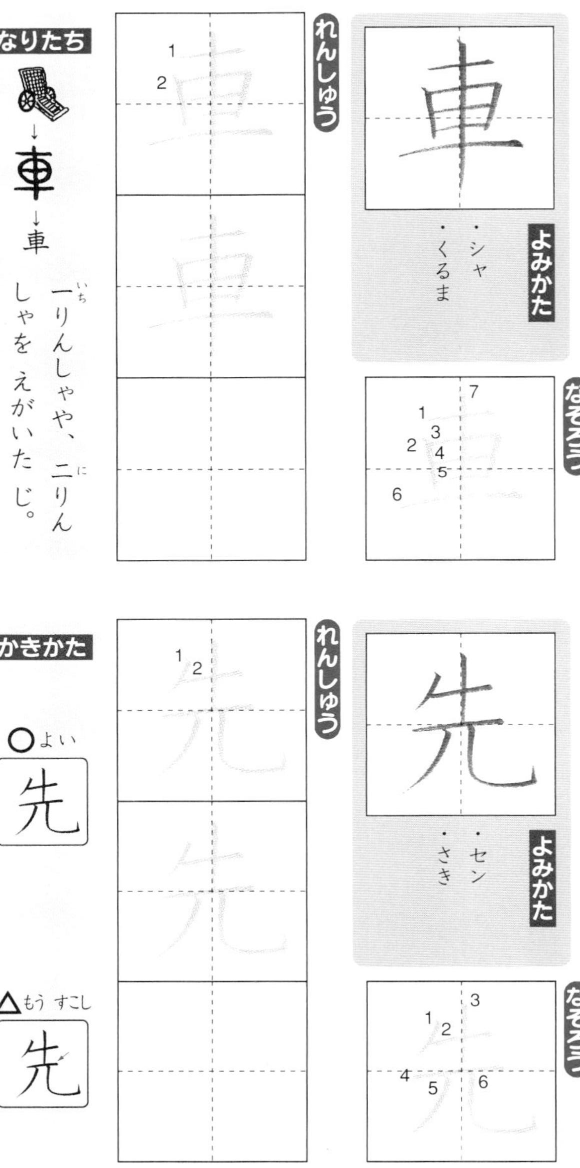

3 れんしゅうしてから、□に あう かんじを かきましょう。
（一もん ぜんぶ かいて 15てん）

① れんしゅう 草

そうげん。

くさ花（ばな）。

② れんしゅう 天

てん気（き）よほう。

▶てんき◀
4日(木)

てんぷら。

③ れんしゅう 車

じてんしゃ。

④ れんしゅう 先

せん生（せい）。

うまく かけなかった かんじは、ほかの かみを つかって なんども れんしゅうしよう。

1 「とめ」「はね」「はらい」に きを つけて かきましょう。（かんじを 二かい かいて 5てん）

とめ

二　空　森　虫

はね

月　子　字　見

はらい

十　石　月　人

2 「おれ」「まがり」「そり」に きを つけて かきましょう。（ぜんぶ かいて 25てん）

おれ

日 白 山 女

まがり

九 四

そり

気 学

3 かきかたが よい ほうを ◯で かこみましょう。（一つ 5てん）

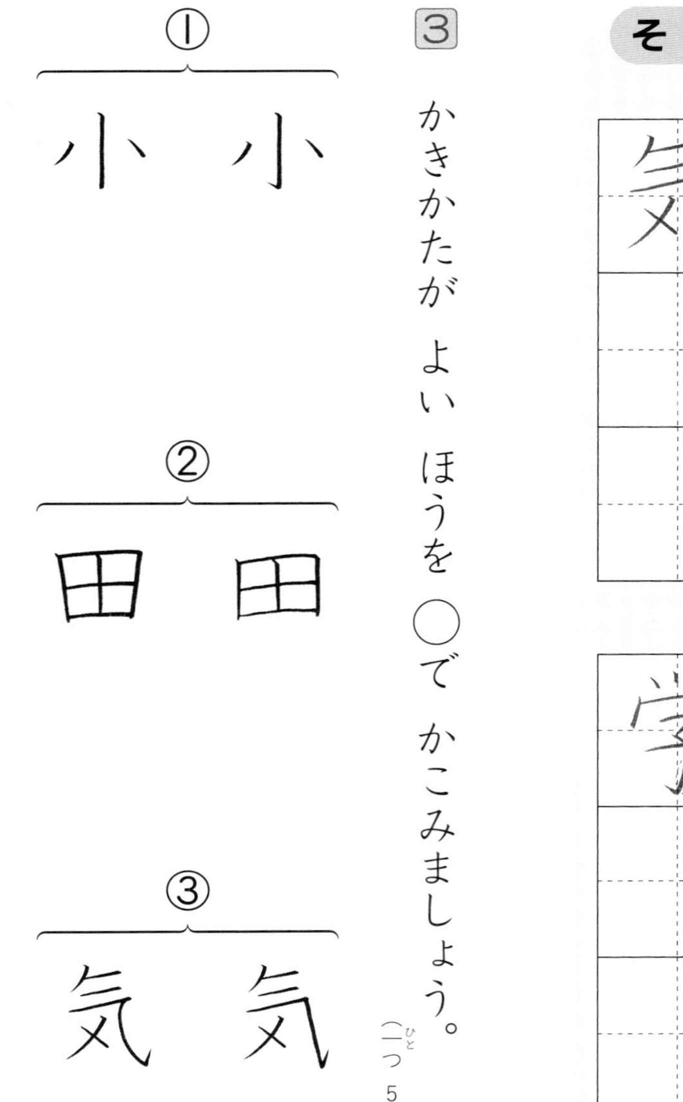

かんじの 運筆（うんぴつ）には、「とめ」「はね」「はらい」「おれ」「まがり」「そり」が あったね。

1 「村」と「雨」を ていねいに かきましょう。（ぜんぶ かいて 20てん）

村
よみかた
・ソン
・むら

なぞろう

れんしゅう

かきかた
○よい
△もう すこし

雨
よみかた
・ウ
・あめ
・あま

なぞろう

れんしゅう

なりたち 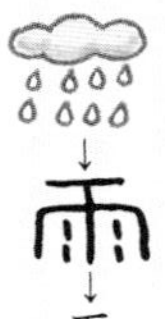
雨
そらから ふって くる あめの ようす。

2 「竹」と「町」を ていねいに かきましょう。（ぜんぶ かいて 20てん）

竹
よみかた
・チク
・たけ

なぞろう

れんしゅう

なりたち
竹
たけが はえて いる ようす。

町
よみかた
・チョウ
・まち

なぞろう

れんしゅう

かきかた
○よい
△もう すこし

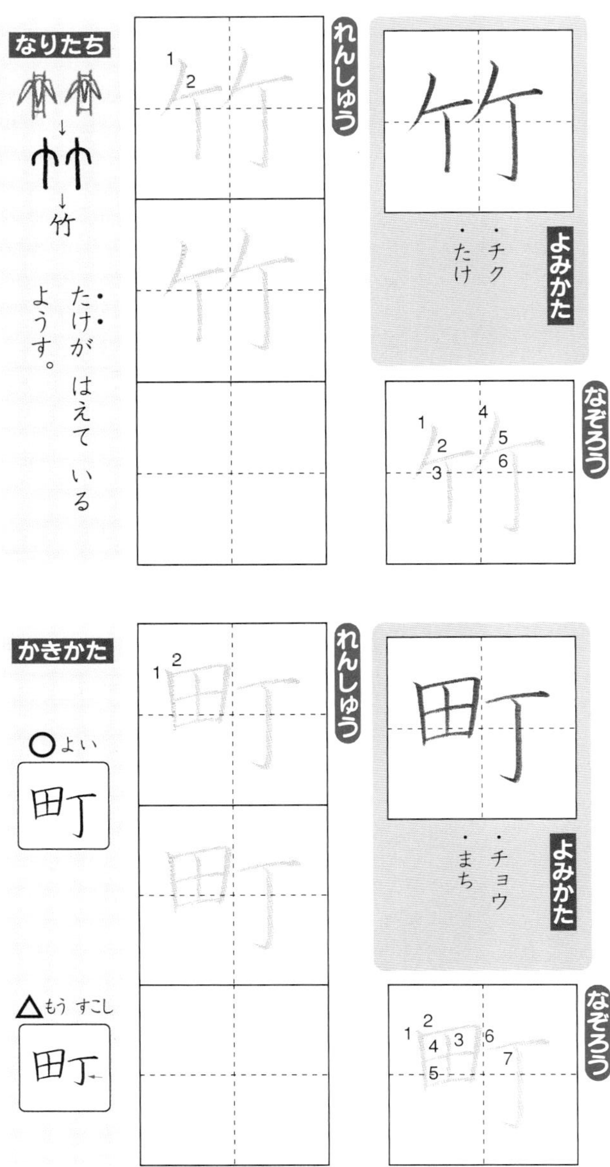

3 れんしゅうしてから、□に あう かんじを かきましょう。（一もん ぜんぶ かいて 15てん）

① れんしゅう 村 村

そん ちょう。

むら。

② れんしゅう 雨 雨

あめ が ふる。

あま ぐ。

③ れんしゅう 竹 竹

たけ うま。

④ れんしゅう 町 町

みなと まち。

はねる ところは ただしく かけて いるかな。

29 かきかた 画の ながさ① 「よこ画」

月　日　なまえ　時　分～　時　分　とくてん　100てん

1 うえの れいを みてから、□に かんじを かきましょう。（かんじを 三かい かいて 10てん）

△わるい れい　○よい れい

△わるい れい	○よい れい	れんしゅう
三	三	三
立	立	立
音	音	音

れんしゅう ・・・は せんで むすびましょう。

2 よこ画の ながさに きを つけて かきましょう。（かんじを 二かい かいて 5てん）

① 上　② 千　③ 早　④ 草

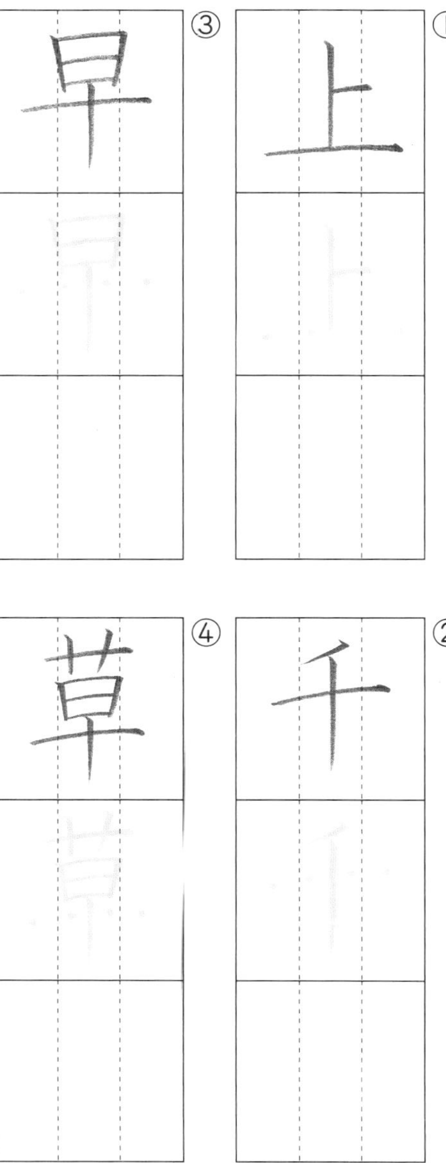

3 うえの れいを みてから、□に かんじを かきましょう。

（かんじを 三かい かいて 10てん）

△わるい れい	○よい れい			
年	年	年	年	
手	手	手	手	
耳	耳	耳	耳	

れんしゅう ●●●は せんで むすびましょう。

4 よこ画の ながさに きを つけて かきましょう。

（かんじを 二かい かいて 5てん）

①

天	天	

②

車	車	

③

土	土	

④

先	先	

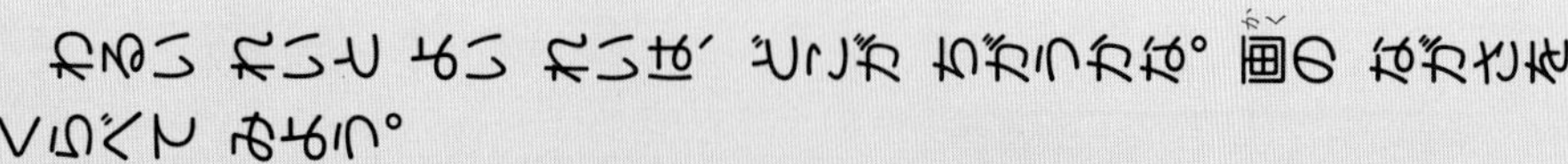
わるい れいと よい れいは、どこが ちがうかな。画の ながさを くらべて みよう。

かんじの れんしゅう⑧

1 「赤」と「休」を ていねいに かきましょう。（ぜんぶ かいて 20てん）

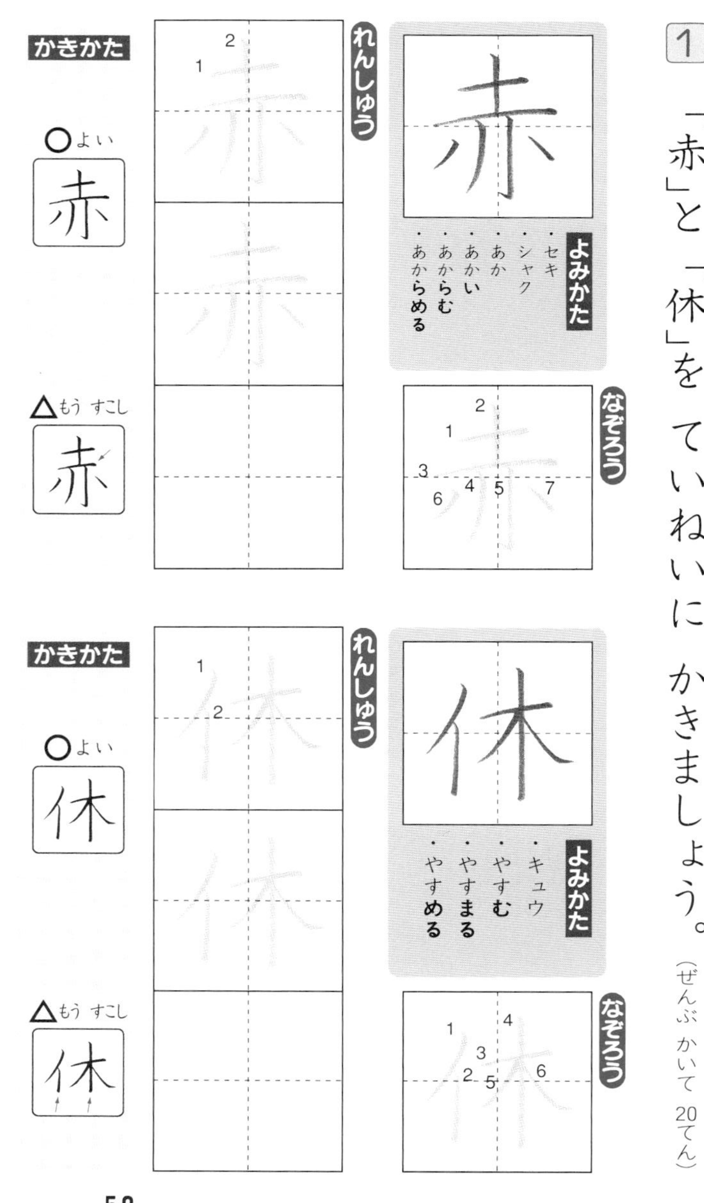

2 「犬」と「文」を ていねいに かきましょう。（ぜんぶ かいて 20てん）

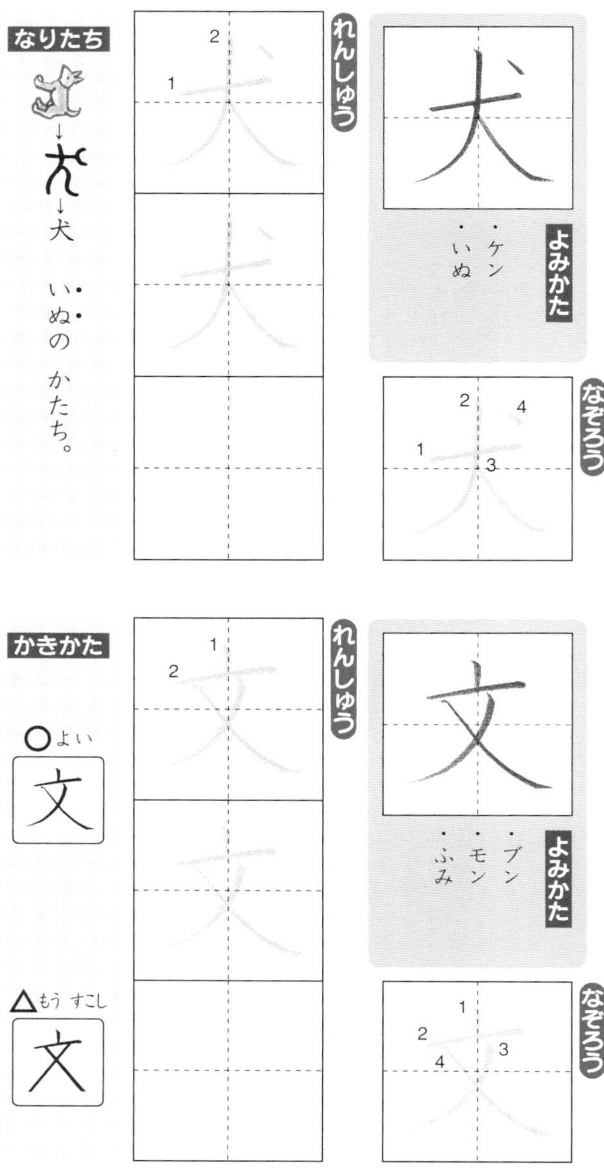

3 れんしゅうしてから、□に あう かんじを かきましょう。

（一もん ぜんぶ かいて 15てん）

①　れんしゅう　赤　赤

あか□ちゃん。

あか□とんぼ。

②　れんしゅう　休　休

きゅう□じつ。

やす□む。

③　れんしゅう　犬　犬

ばん けん□。

④　れんしゅう　文　文

ぶん□ぼうぐ。

「赤」の「小」の ところを、ひだりから じゅんに かかないように きを つけてね。

1 うえの れいを みてから、□に かんじを かきましょう。
（かんじを 三かい かいて 10てん）

△わるい れい　○よい れい

木　下　川

れんしゅう ・・・は せんで むすびましょう。

2 たて画の ながさに きを つけて かきましょう。
（かんじを 二かい かいて 5てん）

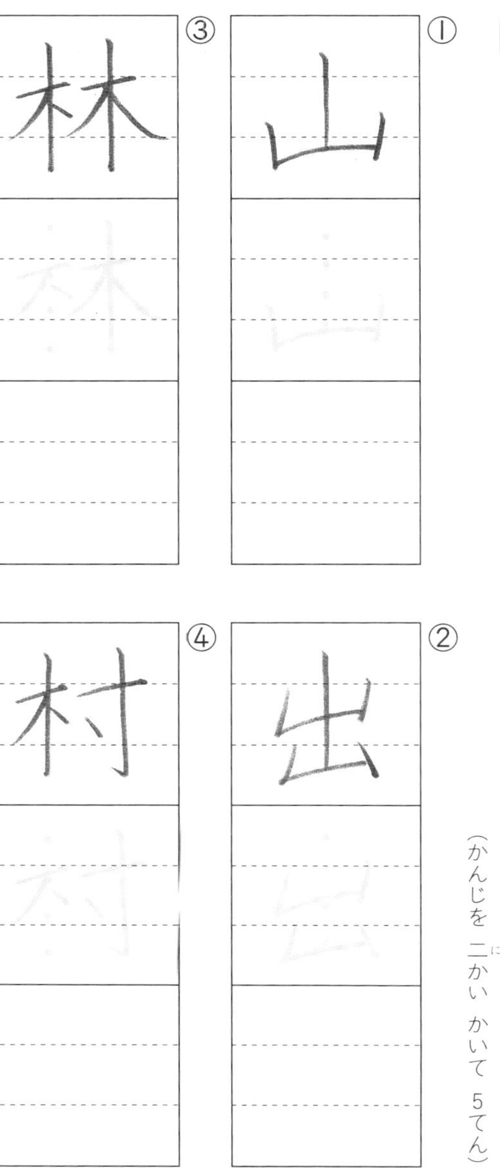

3　うえの　れいを　みてから、□に　かんじを　かきましょう。
（かんじを　三かい　かいて　10てん）

△わるい　れい　　○よい　れい

れんしゅう　・・・は　せんで　むすびましょう。

雨　竹　町　赤

4　たて画の　ながさに　きを　つけて　かきましょう。
（かんじを　二かい　かいて　5てん）

① 赤　② 休

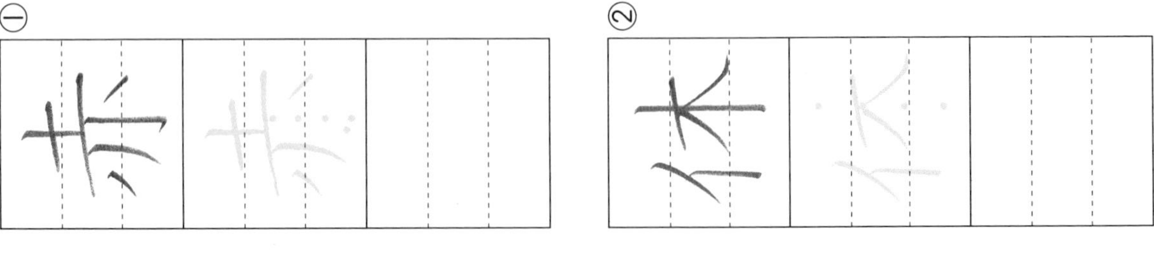

ただしい　ながさで　かけたかな。じぶんの　かいた　かんじと　てほんを　くらべて　みよう。

32 かんじ かんじの れんしゅう⑨

月　日　なまえ　時　分～　時　分　とくてん　100てん

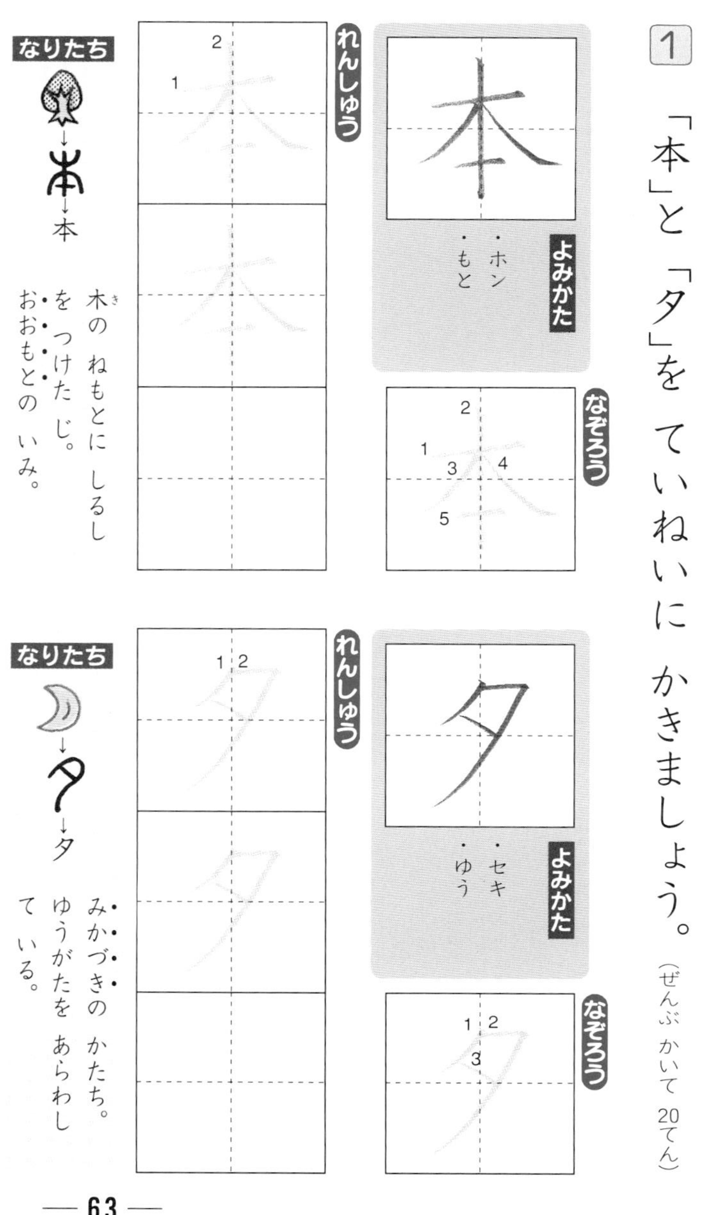

1 「本」と「夕」を ていねいに かきましょう。（ぜんぶ かいて 20てん）

本

よみかた
・ホン
・もと

なりたち
本

木の ねもとに しるしを つけた じ。おおもとの いみ。

夕

よみかた
・セキ
・ゆう

なりたち
夕

みかづきの かたち。ゆうがたを あらわして いる。

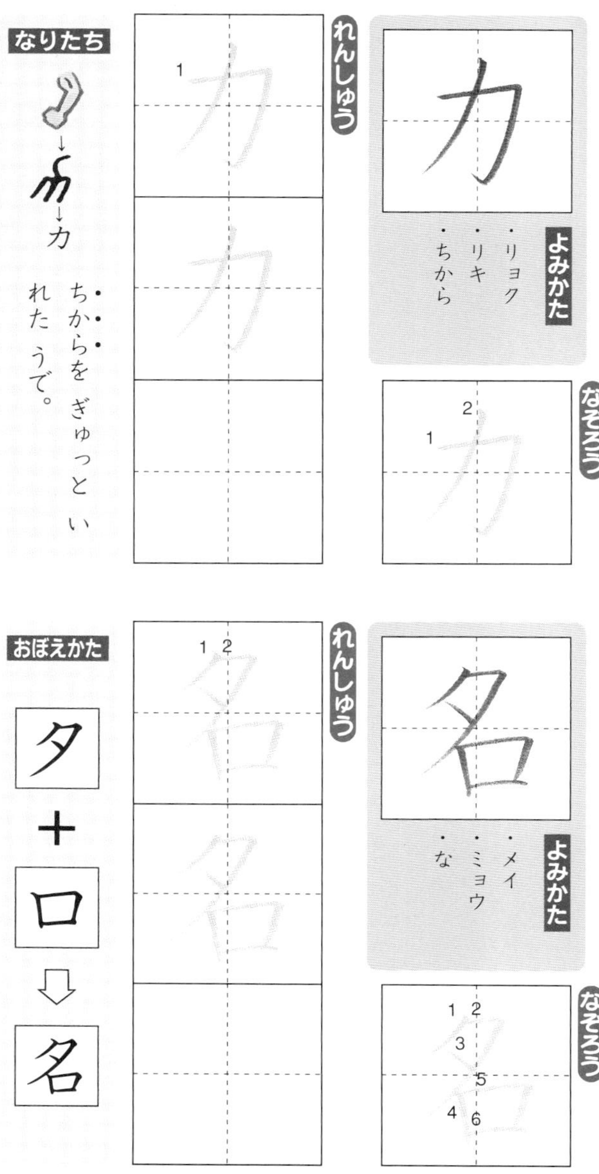

2 「力」と「名」を ていねいに かきましょう。（ぜんぶ かいて 20てん）

力

よみかた
・リョク
・リキ
・ちから

なりたち
力

ちからを ぎゅっと いれた うで。

名

よみかた
・メイ
・ミョウ
・な

おぼえかた
夕＋口⇩名

3 れんしゅうしてから、□に あう かんじを かきましょう。（一もん ぜんぶ かいて 15てん）

① れんしゅう 本 本

［ほん］え。

［ほん］だな。

② れんしゅう タ タ

［ゆう］だち。

［ゆう］がた。

③ れんしゅう カ カ

［ちから］もち。

④ れんしゅう 名 名

［な］まえ。

「カ」の かきじゅんは、まちがいやすいので きを つけよう。

33 かきかた

画（かく）の ながさ③「はらい」

月　日

なまえ

時　分〜　時　分

とくてん　100てん

1 うえの れいを みてから、□に かんじを かきましょう。（かんじを 三かい かいて 10てん）

○よい れい　△わるい れい

人　入　火

れんしゅう

2 はらいの ながさに きを つけて かきましょう。（かんじを 二かい かいて 5てん）

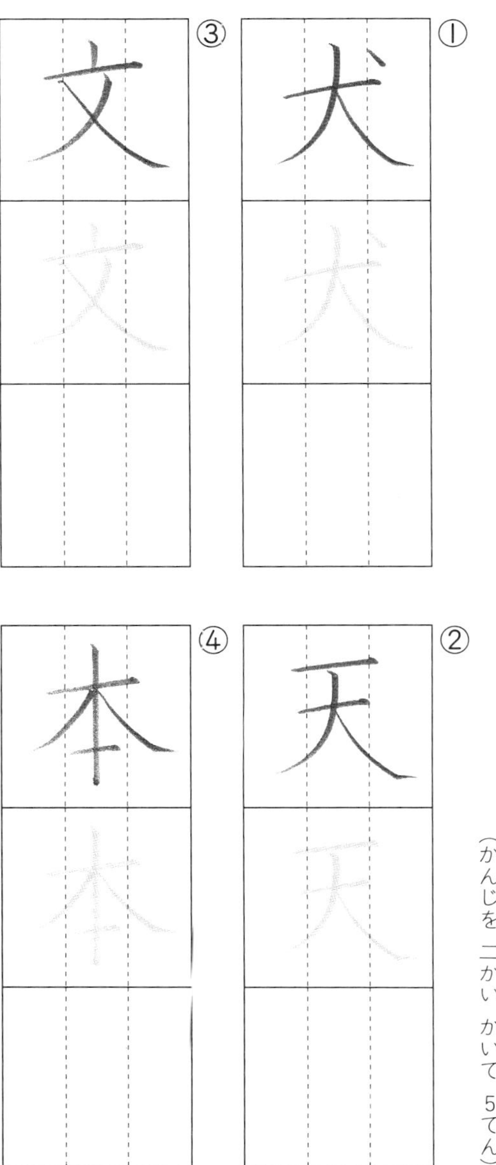

① 犬　② 天　③ 文　④ 本

3 うえの れいを みてから、□に かんじを かきましょう。

（かんじを 三かい かいて 10てん）

△わるい れい　○よい れい

れんしゅう

△わるい れい	○よい れい	れんしゅう		
金	金	金	金	
タ	タ	タ	タ	
名	名	名	名	
糸	糸	糸	糸	

4 はらいの ながさに きを つけて かきましょう。

（かんじを 二かい かいて 5てん）

① カ　カ

② 糸　糸

「タ」には はらいが 二つ あるよ。どちらが ながいかな。

1 「貝」と「青」を ていねいに かきましょう。（ぜんぶ かいて 20てん）

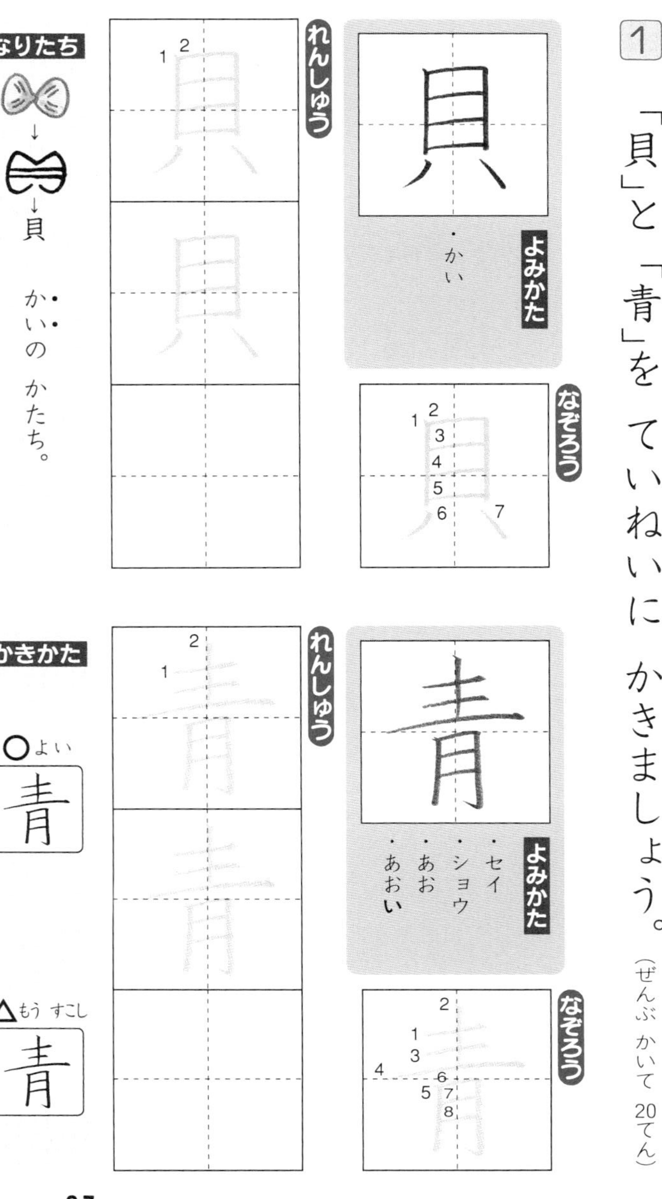

2 「校」と「円」を ていねいに かきましょう。（ぜんぶ かいて 20てん）

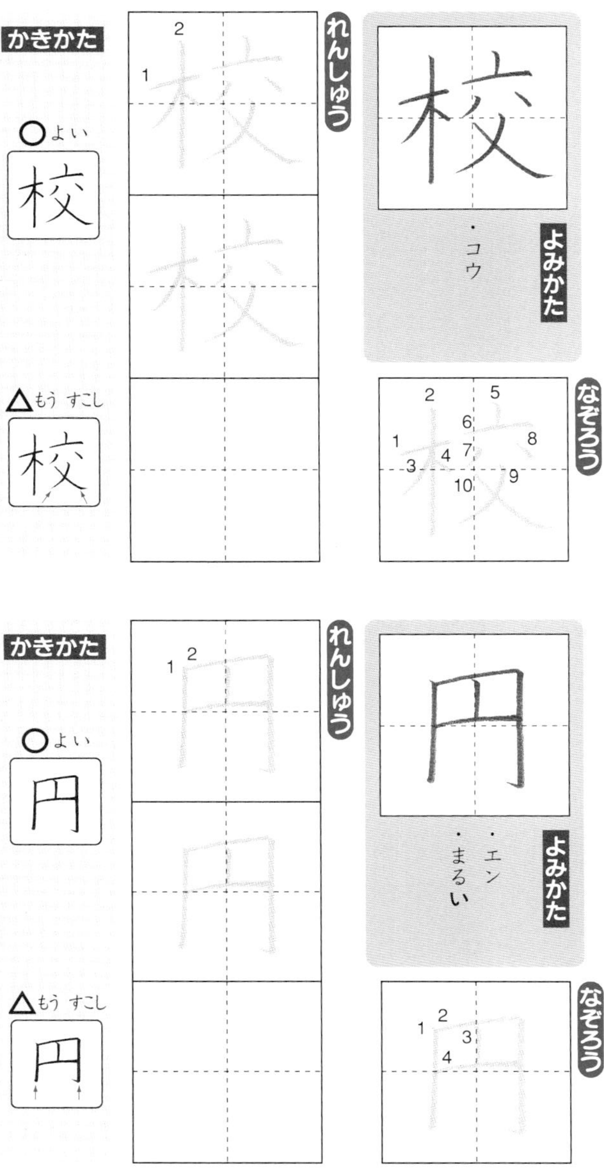

3 れんしゅうしてから、□に あう かんじを かきましょう。（一もん ぜんぶ かいて 15てん）

① れんしゅう 貝

□がら。（かい）

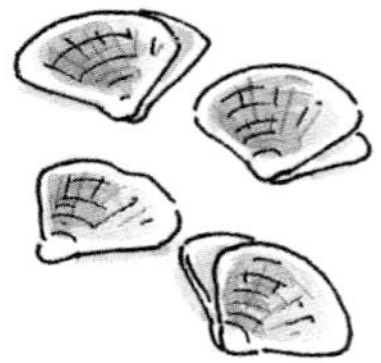

まき□。（がい）

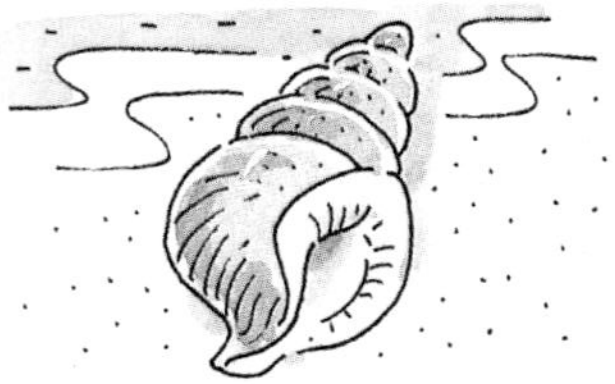

② れんしゅう 青

□年。（せい）

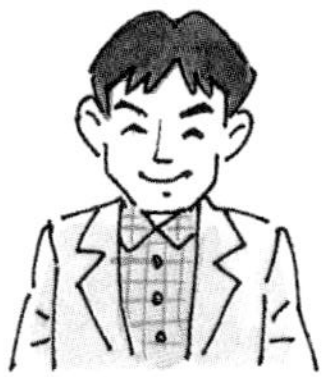

□空。（あお）

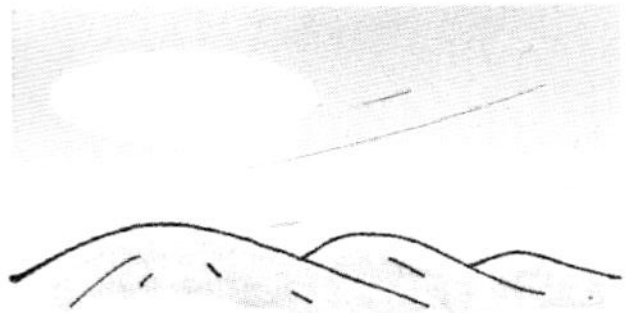

③ れんしゅう 校

□てい。（こう）

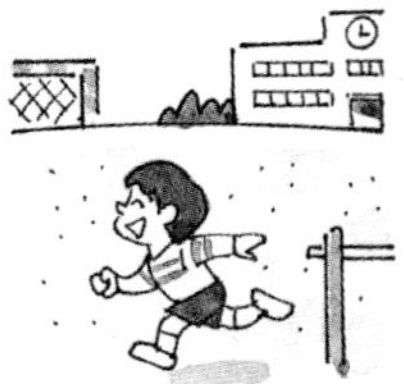

④ れんしゅう 円

十□。（えん）

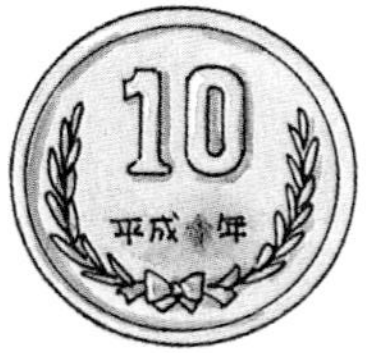

これまで れんしゅうした かきかたに きを つけて、かんじを かこうね。

35 かきかた 画の ほうこう

月　日
なまえ
時　分～　時　分
とくてん　100てん

1 ⇣の ほうこうに きを つけて、□に かんじを かきましょう。（かんじを 三かい かいて 10てん）

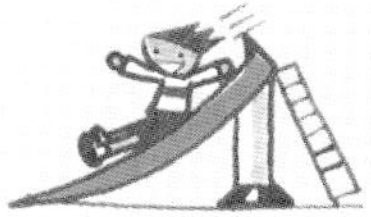

れんしゅう
▶「手」を かきましょう。

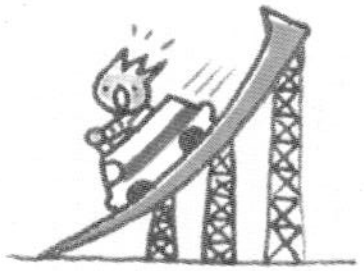

れんしゅう
▶「夕」を かきましょう。

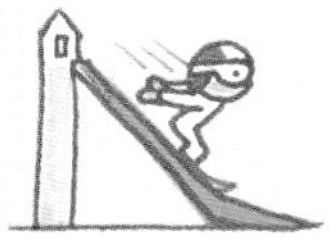

れんしゅう
▶「文」を かきましょう。

2 よい 画の ほうこうは どちらですか。よい ほうを なぞりましょう。（一つ 5てん）

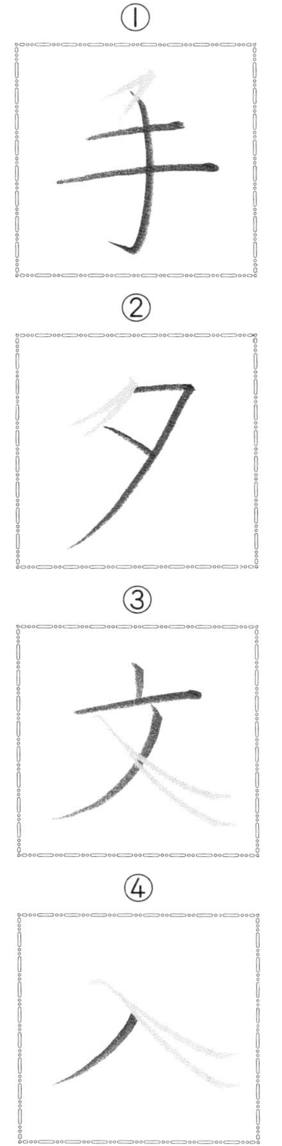

① ② ③ ④

3 ⇢の ほうこうに きを つけて、□に かんじを かきましょう。

（かんじを 三かい かいて 10てん）

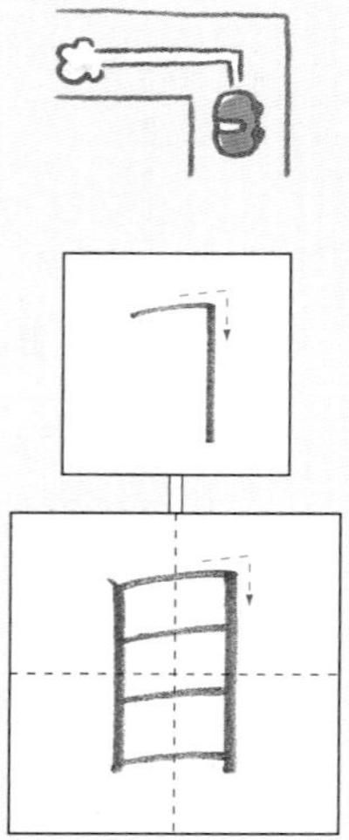

れんしゅう

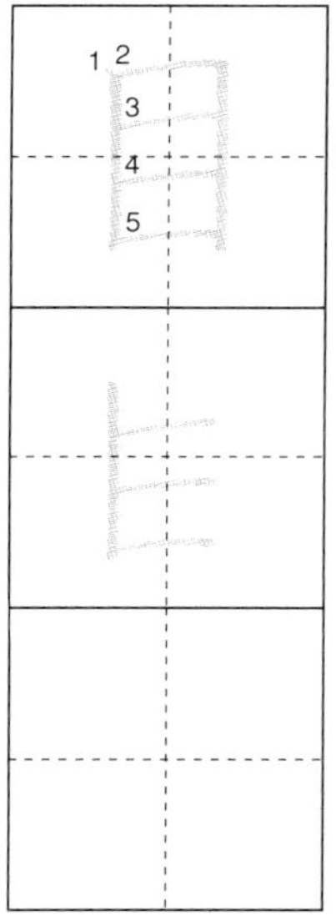

▲「目」を かきましょう。

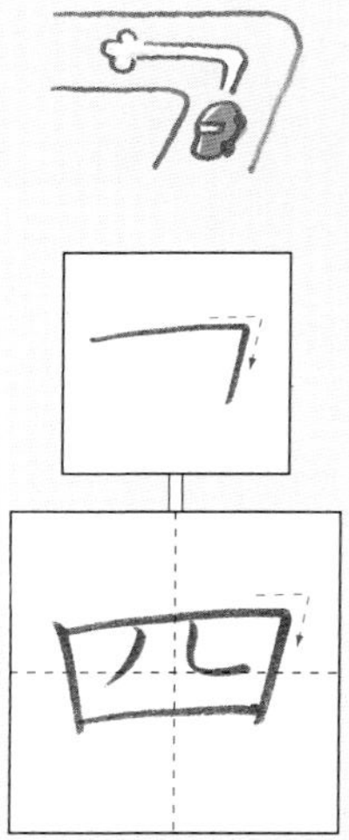

れんしゅう

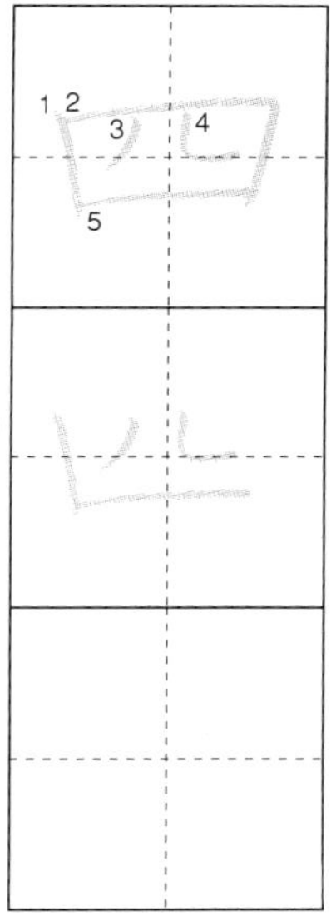

▲「四」を かきましょう。

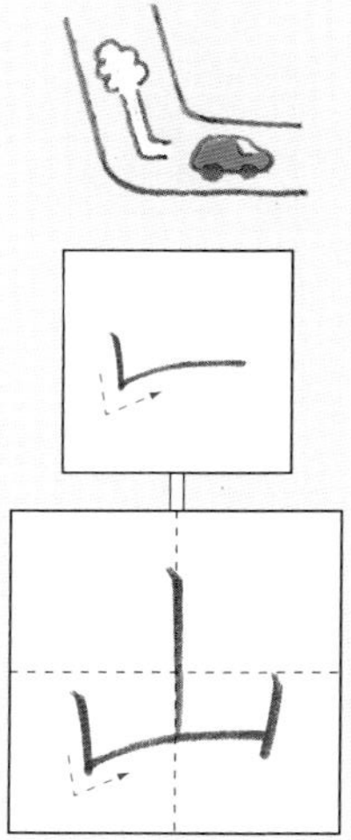

れんしゅう

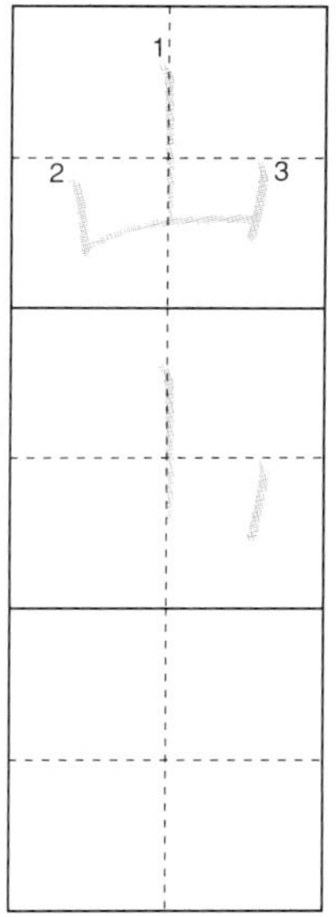

▲「山」を かきましょう。

4 ほうこうに きを つけて、おれる ところを かきましょう。

（一つ 5てん）

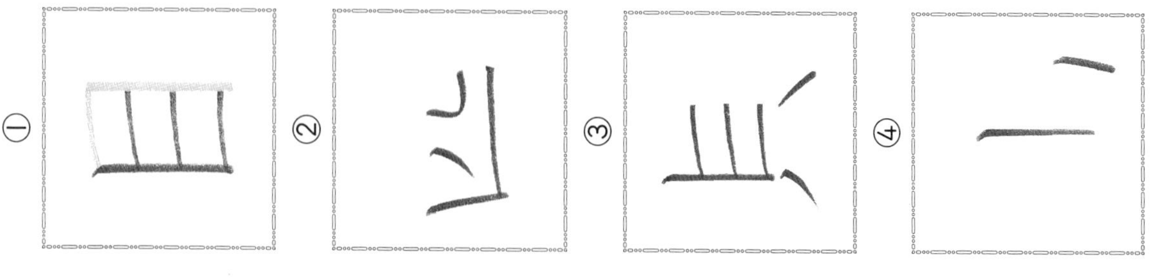

おれる ところが まるく ならないように かけたかな。ほかの かみにも れんしゅうして ただしく かけるように しよう。

36 かきかた 画の ながさ・ほうこう まとめ

月　日

時　分～　時　分

なまえ

とくてん　　100てん

1 画の ながさに きを つけて かきましょう。

（かんじを 二かい かいて 4てん）

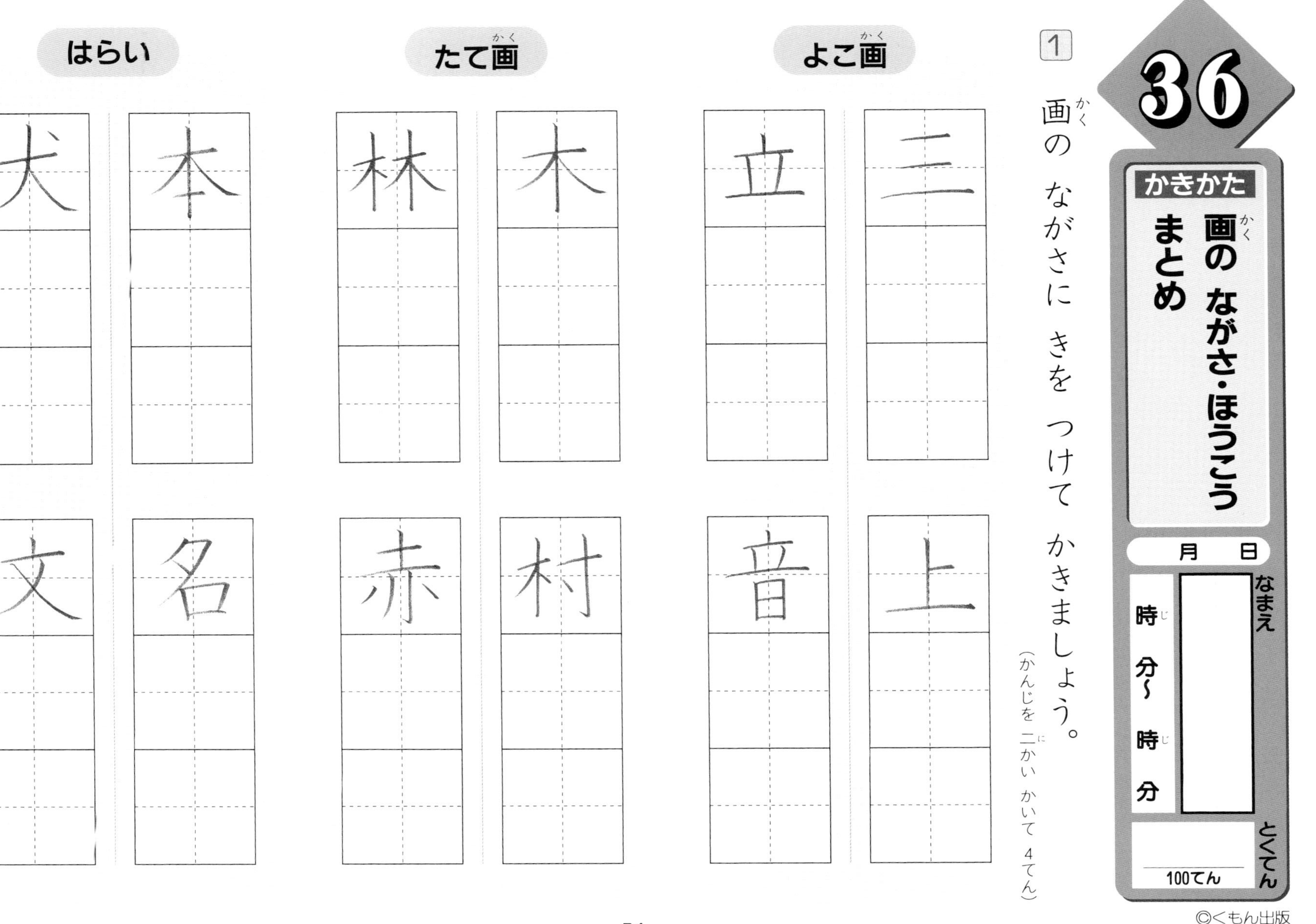

よこ画: 三 立 上 音

たて画: 木 林 村 赤

はらい: 本 犬 名 文

2 画の ほうこうに きを つけて かきましょう。（一つの かんじを ぜんぶ かいて 4てん）

はらい

手　夕　文

おれ

目　貝　四　山

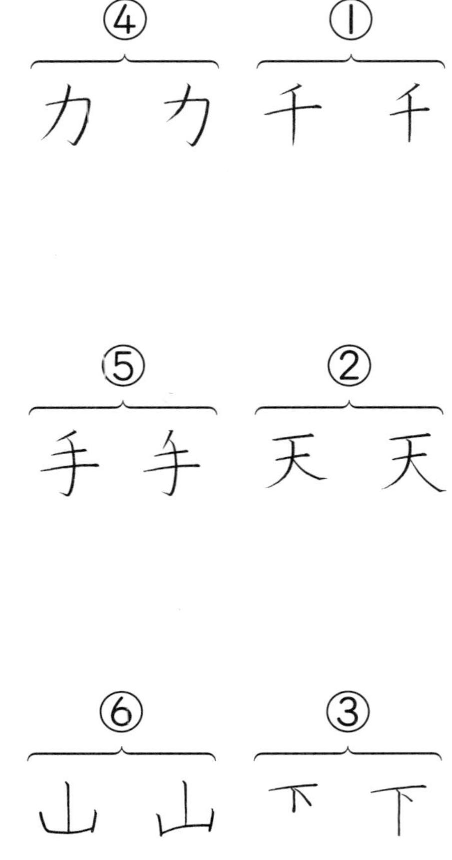

3 かきかたが よい ほうを ◯で かこみましょう。（一つ 4てん）

① 千　千

② 天　天

③ 下　下

④ 力　力

⑤ 手　手

⑥ 山　山

画の ながさと、画の ほうこうに きを つけて かこうね。

37 かきかた かんじの かたち、まとめの れんしゅう

月　日

なまえ

時　分～　時　分

とくてん　100てん

1　□の かたちに きを つけて、□に かんじを かきましょう。
（かんじを 三かい かいて 10てん）

円　→　れんしゅう

四　→　れんしゅう

月　→　れんしゅう

2　かたちに きを つけて、□の なかに うえの かんじを かきましょう。
（一つ 5てん）

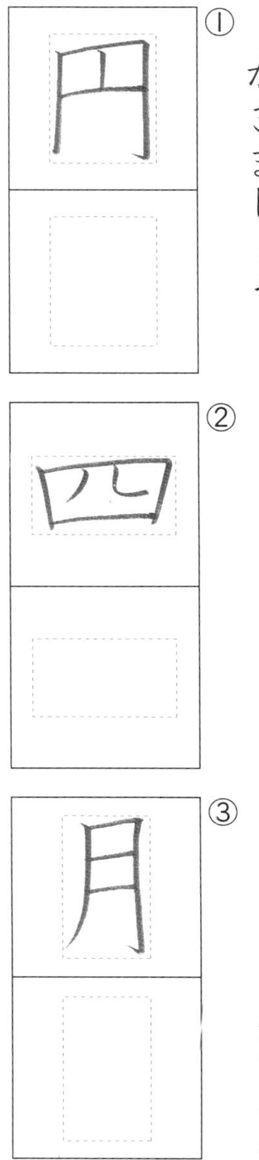

① 円

② 四

③ 月

3 ていねいに かきましょう。（一つ 11てん）

① 花火（はなび）

花火 ▼

② 先生（せんせい）

先生 ▼

③ 青空（あおぞら）

青空 ▼

④ 学校（がっこう）

学校 ▼

⑤ 森林（しんりん）

森林 ▼

かんじを ていねいに かけるように なったかな。

こたえと かきかた

●なぞりがきや、かきうつす ところの こたえは、はぶいて います。
●▼は、かく ときに きを つける ポイント（ぽいんと）です。

1 じを かく しせい、えんぴつの もちかた　1・2ページ

1 うえの えを みて、よい しせいで かきましょう。

2 うえの えを みて、よい しせい、よい えんぴつの もちかたで かきましょう。

2～4 せんを かこう ①～③　3～8ページ

1～4 ていねいに せんを かきましょう。

※3は 1・2。

▼「水」や「子」と いう かんじには、「亅」・「亅」のように はねる ところが あるよ。

5～7 かんじの かきじゅん ①～③　9～14ページ

1～4 ただしい かきじゅんで ていねいに かきましょう。

▼「一」、「二」、「三」は ただしく かけたかな。よこの 画（かく）(せん)は とても だいじだよ。

8～9 かんじの かきじゅん ④～⑤　15～18ページ

1～4 ただしい かきじゅんで ていねいに かきましょう。

▼かきじゅんを まもると、もじの かたちも きれいに なるよ。

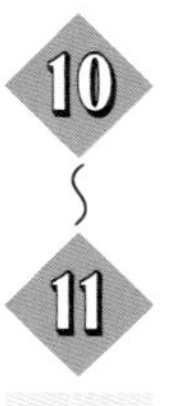

10～11 かんじの かきじゅん ⑥～⑦　19～22ページ

1～4 ただしい かきじゅんで ていねいに かきましょう。

▼「左」と「右」の かきじゅんは、二（ふた）つ あわせて おぼえよう。

12～13 かんじの かきじゅん ⑧～⑨　23～26ページ

1～4 ただしい かきじゅんで ていねいに かきましょう。

▼「中」は、四画（よんかく）めの、ながい たて画（かく）を さいごに かくよ。

14 かんじの かきじゅん⑩　ページ 27・28

1～4 ただしい かきじゅんで ていねいに かきましょう。

▼「女」は「く」から かこう。

15 かんじの かきじゅん⑪ まとめ　ページ 29・30

1 うえの てほんを みて、ていねいに かきましょう。

2

3 ①五 ②百 ③王

4 ①(〇)一七 ②(〇)丨小小 ③(〇)丶口口中 ④(〇)一十土

▼「一」から「十」までの かんじは きちんと かけるように しよう。

16 かんじの れんしゅう①　ページ 31・32

1～3 てほんを みて、ていねいに かきましょう。

17 かんじの 運筆① 「とめ」　ページ 33・34

1～4 うえの てほんを みて、ていねいに かきましょう。

18 かんじの れんしゅう②　ページ 35・36

1～3 てほんを みて、ていねいに かきましょう。

▼「川」の さいしょの「ノ」は、はらって かけたかな。

19 かんじの 運筆② 「はね」　ページ 37・38

1～4 うえの てほんを みて、ていねいに かきましょう。

▼「花」の はね(乚)は きちんと かけたかな。

20 かんじの れんしゅう③　ページ 39・40

1～3 てほんを みて、ていねいに かきましょう。

▼「出」の 二画め(にかく)、四画め(よんかく)は「乚」のように 一かい(いっ)で かくよ。

21 かんじの 運筆③ 「はらい」　ページ 41・42

1～4 うえの てほんを みて、ていねいに かきましょう。

▼みぎと ひだりの はらいは むきや ながさが すこし ちがって いるよ。

22 かんじの れんしゅう④ 43・44ページ

1～3 てほんを みて、ていねいに かきましょう。

▼「森」は 画(かく)すうが おおいので、一画(いっかく)ずつ ていねいに かこう。

23 かんじの 運筆④「おれ」 45・46ページ

1～4 うえの てほんを みて、ていねいに かきましょう。

▼「目」の おれ(⃓)と、「口」の おれ(⃓)は、むきが すこし ちがうね。

24 かんじの れんしゅう⑤ 47・48ページ

1～3 てほんを みて、ていねいに かきましょう。

▼「白」、「音」、「早」の おれは ただしく かけたかな。

25 かんじの 運筆⑤「まがり」「そり」 49・50ページ

1～4 うえの てほんを みて、ていねいに かきましょう。

▼はねる ところも、わすれずに かけて いるかな。

26 かんじの れんしゅう⑥ 51・52ページ

1～3 てほんを みて、ていねいに かきましょう。

▼「天」には みぎの はらいと、ひだりの はらいが あるね。

27 かんじの 運筆⑥ まとめ 53・54ページ

1・2 うえの てほんを みて、ていねいに かきましょう。

3 ① 小（○） 小
② 田 田（○）
③ 気 気（○）

28 かんじの れんしゅう⑦ 55・56ページ

1～3 てほんを みて、ていねいに かきましょう。

▼「雨」の「⺀」も、一(ひと)つ 一(ひと)つ ていねいに かけたかな。

29 画の ながさ①「よこ画」 57・58ページ

1・3 二(ふた)つの れいを よく みてから かきましょう。

2・4 うえの てほんを みて、ていねいに かきましょう。

30 かんじの れんしゅう⑧　ページ 59・60

1〜3 てほんを みて、ていねいに かきましょう。

▼「赤」は、もじの かたちが むずかしいので きを つけて かこう。

31 画の ながさ②「たて画」　ページ 61・62

1・3 二(ふた)つの れいを よく みてから かきましょう。

2・4 うえの てほんを みて、ていねいに かきましょう。

32 かんじの れんしゅう⑨　ページ 63・64

1〜3 てほんを みて、ていねいに かきましょう。

▼はらいが たくさん でて くるよ。ただしく かけたかな。

33 画の ながさ③「はらい」　ページ 65・66

1・3 二(ふた)つの れいを よく みてから かきましょう。

2・4 うえの てほんを みて、ていねいに かきましょう。

▼「糸」の はらいは しっかり かけたかな。

34 かんじの れんしゅう⑩　ページ 67・68

1〜3 てほんを みて、ていねいに かきましょう。

▼「青」は、よこの 画(かく)を 一(ひと)つずつ しっかり かこう。

35 画(かく)の ほうこう　ページ 69・70

1・3 てほんを みて、ていねいに かきましょう。

2 ①手　②夕　③文　④入

4 ①目　②四　③貝　④山

36 画の ながさ・ほうこう まとめ　ページ 71・72

1・2 てほんを みて、ていねいに かきましょう。

3 ①千（千）　②（天）天　③（下）下

④カ（カ）　⑤手（手）　⑥（山）山

37 かんじの かたち、まとめの れんしゅう　ページ 73・74

1〜3 うえの てほんを みて、ていねいに かきましょう。

▼「円」だけでは なく、「出」、「空」も だいたい ましかくの かたちだね。

一年生の かん字

● 一年生で ならう かん字です。音よみ（音の ない ものは くん）の あいうえおじゅんに ならべ、まちがいやすい ところは せつめいを つけて います。

あ行　い 一　う 右　雨（はねる）　え 円（はねる）　お 王（つきでない）

音（ながい）　か行　か 下　火　花　貝

学　き 気　九　休　玉（てんを つける）　金

く 空　け 月（はねる）　犬（てんを つける）　見　こ 五（つきでない）　口

校　さ行　さ 左　三（ながい）　山　し 子（はねる）

四　糸　字（はねる）　耳（つきでる）　七　車

手（はねる）　十　出　女（すこし つきでる）　小　上

森　人　す 水　せ 正　生　青（はねる）

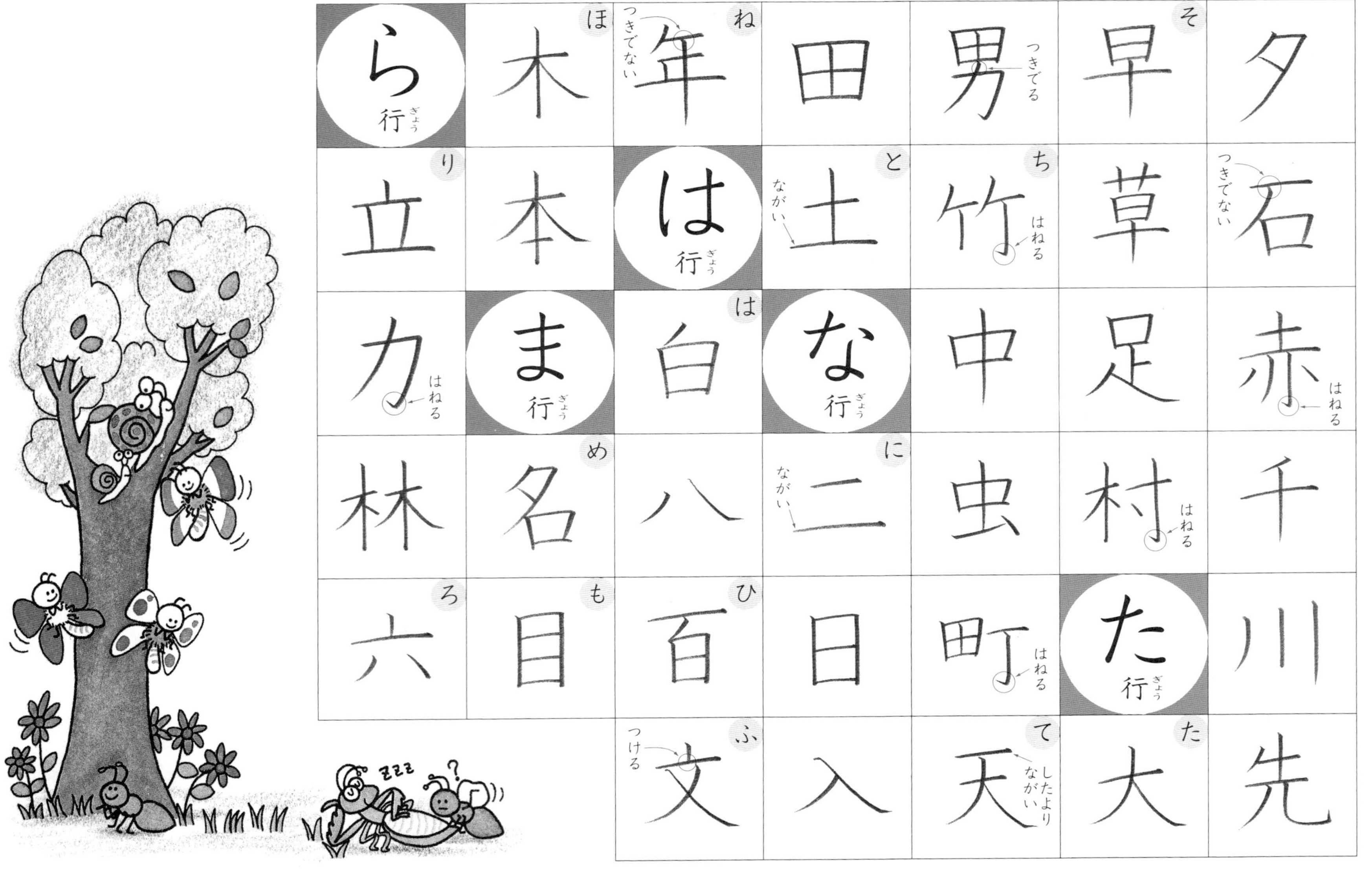

夕
つきでない 石
赤 はねる
千
川
先
そ 早
草
足
村 はねる
た行
た 大
男 つきでる
ち 竹 はねる
中
虫
町 はねる
て 天 したより ながい
田
と 土 ながい
な行
に 二 ながい
日
入
ね 年 つきでない
は行
は 白
八
ひ 百
ふ 文 つける
ほ 木
本
ま行
め 名
も 目
ら行
り 立
力 はねる
林
ろ 六
zzz
?